国学经典诵读丛书

道德經　黃帝内經（精選）

于向英　主编

中国书籍出版社

图书在版编目（CIP）数据

国学经典诵读丛书 / 于向英主编．-- 北京 ：中国书籍出版社，2015.4
ISBN 978-7-5068-4831-2

Ⅰ．①国…　Ⅱ．①于…　Ⅲ．①国学一儿童读物　Ⅳ．①Z126-49

中国版本图书馆CIP数据核字（2015）第061210号

国学经典诵读丛书

于向英　主编

责任编辑 / 庞　元　钱　浩
责任印制 / 孙马飞　马　芝
封面设计 / 岳霄峰
出版发行 / 中国书籍出版社
　　　　地　　址：北京市丰台区三路居路97号（邮编：100073）
　　　　电　　话：(010)52257143（总编室）　(010)52257140（发行部）
　　　　电子邮箱：chinabp@vip.sina.com
经　　销 / 全国新华书店
印　　刷 / 北京成业恒信印刷有限公司
开　　本 / 787毫米×1092毫米　1/16
印　　张 / 41
字　　数 / 138千字
版　　次 / 2015年8月第1版　2015年8月第1次印刷
书　　号 / ISBN 978-7-5068-4831-2
定　　价 / 486.00元（全四册）

序

從上世紀末至本世紀初所出現的『國學熱』，至今尚不足二十年，但國學的推廣、傳播和學習，却在中國大地上方興未艾。如今更已從學者的書齋中解放出來，康莊地走向企業、工廠、部隊，乃至中小學和幼兒園。人們在社會生活實踐中已充分認識到，國學或中國傳統文化對現代中國人的重要意義：無論是工人、農民，還是國家幹部；也無論是青年人、老年人，抑或幼兒園的孩子，可謂不分職業、男女、老幼，所有人都需要提高自己的文化素質、道德修養、精神境界和思想認識能力，否則就跟不上時代的迅猛發展，也不能完成中華民族偉大復興的宏圖大業。

現在，很多人都在思考如何擺脱由于功利主義、物質主義、拜金主義及工具理性膨脹所造成的精神焦慮和思想狂躁，中國要走出人類共同面對的道德危機和思想困境，似乎沒有捷徑。因爲精神成長和靈魂净化，不是一朝一夕可以完成的，即古人所謂『冰凍三尺，非一日之寒』，故須『十年樹木，百年樹人』，衹有從每個人開始，甚至從娃娃抓起，并持之以恒，這種危機和困境方可在長久的文化熏陶和思想浸潤中得到救贖。如果没有全民性，精神家園的修復也祇能是空談而已。

孔子曾感嘆地説：『德之不修，學之不講，聞義不能徙，不善不能改，是吾憂也。』不修養自己的品行德性，不講習學問，聽到符合正義的言論不能踐行，自己有缺點不能及時改正，這怎麼能不讓人感到憂慮呢？孟子也曾有這樣的感嘆，他説：『自暴者，不可與有言也；自棄者，不可與有爲也。言非禮義，謂之自暴也；吾身不能居仁由義，謂之自棄也。仁，人之安宅也；義，人之正路也。曠安宅而弗居，捨正路而不由，哀哉！』孟子認爲，對于那些在道德上自暴自弃的人，無法和他談論有意義的思想，也不能和他一起做出有價值的事業。什麼是『自暴』呢？一張口説話就違背禮義即是『自暴』，這叫自己殘害自己；自己不認爲能以仁居心、能由義而行，即是『自弃』，這就叫自己抛弃自己。仁是人類最安適的住宅，義是人類最正確的道路。把最安適的住宅空着不去住，把最正確的道路捨弃不去走，這不是人類最大的悲哀嗎？

一個人的學習或接受教育，乃是貫穿其一生的精神活動，其不可少亦不可間斷。《顔氏家訓》記有胎教之法：懷子三月，出居别宫，目不邪視，耳不妄聽，音聲滋味，以禮節之。生子孩提，師保固明孝仁禮義，導習之而使知正。當及嬰兒，識人顔色，知人喜怒，便加教誨。常見世間無教而有愛，飲食運爲，恣其所欲，宜誡反奬，應訶反笑，至有識知，謂法當爾。驕慢已習，方復制之，捶撻死而無威，忿怒日隆而增怨，逮于成長，終爲敗德。可見，從胎教到嬰兒出生，乃至成童，始終要有養成教育。可以説，這是最具基礎性的人性培養。因爲父母、家庭乃至社會，不僅應該是幼兒成長的摇籃，同時也是造就人性善惡的第一撮土壤。惻隱之心（同情心、憐憫心），乃至豺狼虎豹之性等等，幾乎都是在這最初的土壤中生根發芽的。

在古代教育中，幼兒之後，又有小學、大學之教。一般講，八歲入小學，十五歲入大學。名儒陳璇在其《小學句讀序》中說：『聖人之道，人倫而已，學之必自小學始。』大學之書，始自孔子，立言重教，有三綱領、八條目，程氏以爲入德之門。而小學自秦火後失傳，其教散見于傳記。至朱熹，輯《小學》一書，其宗旨亦在明人倫、持敬身之教。可見，從胎教到小學、大學之教，或從幼兒到少年、青年之學，正是一個人生命成長的關鍵時期，其學習活動一直貫穿始終，甚至一直到三十而立，乃至老之將至或耄耋之年，學習都是伴人一生而不可須臾離開的東西。它既是人生的清洗劑，可以不斷地洗去頭腦中的『塵埃』『污垢』；同時，它也是生命歷程中的一盞明燈，可以照亮前行的道路，點亮人生的智慧。故荀子曰：『學不可以已……君子博學而三省乎己，則知明而行無過矣。』

于向英女士是一位令人尊敬的幼兒園園長，在其二十年的幼教崗位上，一直關心國家的幼兒教育事業和孩子們的心智涵養及精神發展。多年來，她一直探索適合孩子們的國學讀本，并身體力行，在北大國學班學習國學經典、汲取其精華、體會其精神的基礎上，編纂了一套適合幼兒及其家長的『國學經典誦讀』叢書。其對經典的選擇，衹是一次初步嘗試，因中國傳統文化不僅内容繁多、體系龐大，源遠流長，而且字義古奥，意蘊深邃，需家長、教師與孩子們共學，方能有所收獲。故此套叢書其用在啓蒙、其義在涵養，期冀有助于兒童成長和國家興旺。以上無可稱序，絮言而已。

李中華 二〇一四年冬于北京大學

自序

誦讀經典開拓心胸之志趣義理之學培養中華之儀禮

《教子要言》云：家欲興，必由家規始；家欲敗，必由家規頹廢始。欲子弟成人，須從自己所作所爲，有法有則，能爲子弟作榜樣始。《弟子規》及國學經典，無疑就是這個規，就是這個法。對幼兒來說，無疑是最基礎、最營養的需要。

二〇〇六年，母親將一本《弟子規》遞到我手上，說：『讓你們的孩子讀讀《弟子規》吧！』近幾年，國內的幼兒園陸續爲幼兒開設了國學誦讀課。我作爲從業二十年並曾在北大哲學系學習國學的幼兒園園長，更深知國學經典誦讀對于幼兒教育的重要性，故一直在思考和探索國學誦讀的方法和途徑。

當我開始四處搜集比較適合孩子國學閱讀的版本時，發現市面上既適合孩子閱讀又能還原經典本質的圖書非常少：有的是大字版，但沒有注音；有的是大字注音版，但是却按照現代閱讀方式横排版的；有的是純粹按照古代竪排設計，但却沒有注音，字號也不够大，學起來不太方便。能不能還原國學經典本身樣式，設計出專爲幼兒國學教育之用的版本呢？

經過多次的版本比較、調研和徵求意見之後，我們盧溝橋街道第二幼兒園開發設計了這套特殊的國學經典版本。

首先是還原經典版本的原貌，采用繁體字竪排版，并且可以自由翻卷，握在手裏，從右向左翻看，讓閱讀者更直觀地感受、體味古人閱讀的姿態，有返古之感。

其次是滿足閱讀經典的現實需要，由于繁體字閱讀有一定難度，設計成大字版并且加上注音，減少了查詞環節，讓教學者和學習者的閱讀都輕鬆了不少。

也有人建議，此類圖書應該加上注釋，但我們考慮還是不加。一是爲保持圖書的原貌，二是注解各有不同，與注解者的年齡、角色和當時心境有很大關係。三是兒童還没有理解能力。『書讀百遍，其義自現。』兒童本是樂于念誦樂于反復的，尤其是團體的朗誦，抑揚頓挫、琅琅書聲，與唱兒歌無异，學習是愉快的。而反復多次，即能背誦，會背誦時，更是『樂之不疲』。若常加復習，以至于終生不忘，將成爲一生的文化資産。

讀誦經典，還可有『潛能開發』之功效：既可以提升兒童的專注力，可以提升兒童的記憶力。而專注力與記憶力，可以説是一切學習的基礎。

雖然這套書初衷是爲兒童設計，但後來我們發現，它同樣適用于成年人。七十年代至九十年代出生的成年人，在幼兒園、校園鮮有機會系統學習國學經典，祇能靠後期學習，所以對他們來説，這個版本也是非常合適的。

儘管我們在版本開發和國學誦讀方面開展了一些實踐探索，取得了一些成績，但由于現實社會的功利和浮躁，未來的路還很長，我們也希望與更多的國學誦讀推動者一起，爲經典傳播、滋養身心做出不懈的努力。

這套書的出版感謝樓宇烈老先生的指點，感謝中國新聞出版研究院林曉芳女士的大力支持，感謝廣州萬木書院千荷女士的建議，及中國書籍出版社編輯的督促，在此一并表示感謝。

是爲序。

于向英 字若彧 癸巳年仲秋

目録

黄帝内經（精選） huáng dì nèi jīng（jīng xuǎn）

道
dào

德
dé

經
jīng

第一章
dì yī zhāng

道可道，非常道；名可名，非常名。無，名天地之始；有，名萬物之母。故常無，欲以觀其妙；常有，欲以觀其徼。此兩者，同出而異名，同謂之玄。玄之又玄，衆妙之門。

dào kě dào, fēi cháng dào; míng kě míng, fēi cháng míng. wú, míng tiān de zhī shǐ; yǒu, míng wàn wù zhī mǔ. gù cháng wú, yù yǐ guān qí miào; cháng yǒu, yù yǐ guān qí jiào. cǐ liǎng zhě, tóng chū ér yì míng, tóng wèi zhī xuán. xuán zhī yòu xuán, zhòng miào zhī mén.

第二章
dì èr zhāng

天下皆知美之爲美，斯惡已；皆知善之爲善，斯不善已。故有無相生，難

tiān xià jiē zhī měi zhī wéi měi, sī è yǐ; jiē zhī shàn zhī wéi shàn, sī bú shàn yǐ. gù yǒu wú xiāng shēng, nán

易相成，長短相形，高下相傾，音聲
yì xiāng chéng, cháng duǎn xiāng xíng, gāo xià xiāng qīng, yīn shēng

相和，前後相隨。是以聖人處無爲之
xiāng hé, qián hòu xiāng suí. shì yǐ shèng rén chǔ wú wéi zhī

事，行不言之教。萬物作而弗辭，生
shì, xíng bù yán zhī jiào. wàn wù zuò ér fú cí, shēng

而弗有，爲而弗恃，功成而弗居。夫
ér fú yǒu, wéi ér fú shì, gōng chéng ér fú jū. fú

唯弗居，是以不去。
wéi fú jū, shì yǐ bú qù.

第三章
dì sān zhāng

不尚賢，使民不爭；不貴難得之
bù shàng xián, shǐ mín bù zhēng; bú guì nán dé zhī

貨，使民不爲盜；不見可欲，使民心
huò, shǐ mín bú wéi dào; bú xiàn kě yù, shǐ mín xīn

不亂。是以聖人之治，虛其心，實其
bú luàn. shì yǐ shèng rén zhī zhì, xū qí xīn, shí qí

腹，弱其志，强其骨。常使民無知無
fù, ruò qí zhì, qiáng qí gǔ. cháng shǐ mín wú zhī wú

欲，使夫智者不敢爲也。爲無爲，則
yù, shǐ fú zhì zhě bù gǎn wéi yě. wéi wú wéi, zé

無不治。
wú bú zhì.

第四章
dì sì zhāng

道沖而用之或不盈。淵兮似萬
dào chōng ér yòng zhī huò bù yíng. yuān xī sì wàn

物之宗。湛兮似或存，吾不知誰之
wù zhī zōng. zhàn xī sì huò cún, wú bù zhī shuí zhī

子，象帝之先。
zǐ, xiàng dì zhī xiān.

第五章
dì wǔ zhāng

天地不仁，以萬物爲芻狗；聖人
tiān dì bù rén, yǐ wàn wù wéi chú gǒu; shèng rén

不仁，以百姓爲芻狗。天地之間，其
bù rén, yǐ bǎi xìng wéi chú gǒu. tiān dì zhī jiān, qí

猶橐籥乎！虛而不屈，動而愈出。多
yóu tuó yuè hū! xū ér bù qū, dòng ér yù chū. duō

言數窮，不如守中。
yán shù qióng, bù rú shǒu zhōng.

第六章
dì liù zhāng

谷神不死，是謂玄牝。玄牝之
gǔ shén bù sǐ, shì wèi xuán pìn. xuán pìn zhī

門，是謂天地根。綿綿若存，用之不
mén, shì wèi tiān dì gēn. mián mián ruò cún, yòng zhī bù

勤。
qín.

第七章
dì qī zhāng

天長地久。天地所以能長且久
tiān cháng dì jiǔ. tiān dì suǒ yǐ néng cháng qiě jiǔ

者，以其不自生，故能長生。是以聖人後其身而身先，外其身而身存。非以其無私邪？故能成其私。

第八章

上善若水。水善利萬物而不爭，處衆人之所惡，故幾于道。居善地，心善淵，與善仁，言善信，政善治，事善能，動善時。夫唯不爭，故無尤。

第九章
dì jiǔ zhāng

持而盈之，不如其已；揣而銳
chí ér yíng zhī, bù rú qí yǐ; chuǎi ér ruì

之，不可長保；金玉滿堂，莫之能
zhī, bù kě cháng bǎo; jīn yù mǎn táng, mò zhī néng

守；富貴而驕，自遺其咎。功遂身
shǒu; fù guì ér jiāo, zì wèi qí jiù。gōng suì shēn

退，天之道。
tuì, tiān zhī dào。

第十章
dì shí zhāng

載營魄抱一，能無離乎？專氣
zǎi yíng pò bào yī, néng wú lí hū? zhuān qì

致柔，能如嬰兒乎？滌除玄覽，能無
zhì róu, néng rú yīng ér hū? dí chú xuán lǎn, néng wú

疵乎？愛民治國，能無爲乎？天門
cī hū? ài mín zhì guó, néng wú wéi hū? tiān mén

開闔，能爲雌乎？明白四達，能無知乎？生之畜之。生而不有，爲而不恃，長而不宰，是謂玄德。

kāi hé, néng wéi cí hū? míng bái sì dá, néng wú zhī hū? shēng zhī xù zhī. shēng ér bù yǒu, wéi ér bú shì, cháng ér bù zǎi, shì wèi xuán dé.

第十一章

dì shí yī zhāng

三十輻，共一轂，當其無，有車之用。埏埴以爲器，當其無，有器之用。鑿户牖以爲室，當其無，有室之用。故有之以爲利，無之以爲用。

sān shí fú, gòng yī gǔ, dāng qí wú, yǒu chē zhī yòng. shān zhí yǐ wéi qì, dāng qí wú, yǒu qì zhī yòng. záo hù yǒu yǐ wéi shì, dāng qí wú, yǒu shì zhī yòng. gù yǒu zhī yǐ wéi lì, wú zhī yǐ wéi yòng.

第十二章
dì shí èr zhāng

五色令人目盲；五音令人耳聾；五味令人口爽；馳騁田獵，令人心發狂；難得之貨，令人行妨。是以聖人爲腹不爲目，故去彼取此。

wǔ sè lìng rén mù máng wǔ yīn lìng rén ěr lóng wǔ wèi lìng rén kǒu shuǎng chí chěng tián liè lìng rén xīn fā kuáng nán dé zhī huò lìng rén xíng fáng shì yǐ shèng rén wèi fù bú wèi mù gù qù bǐ qǔ cǐ

第十三章
dì shí sān zhāng

寵辱若驚，貴大患若身。何謂寵辱若驚？寵爲下，得之若驚，失之若驚，是謂寵辱若驚。何謂貴大患若

chǒng rǔ ruò jīng guì dà huàn ruò shēn hé wèi chǒng rǔ ruò jīng chǒng wéi xià dé zhī ruò jīng shī zhī ruò jīng shì wèi chǒng rǔ ruò jīng hé wèi guì dà huàn ruò

身？吾所以有大患者，爲吾有身。及
shēn wú suǒ yǐ yǒu dà huàn zhě wèi wú yǒu shēn jí

吾無身，吾有何患？故貴以身爲天
wú wú shēn wú yǒu hé huàn gù guì yǐ shēn wéi tiān

下，若可寄天下；愛以身爲天下，若
xià ruò kě jì tiān xià ài yǐ shēn wéi tiān xià ruò

可托天下。
kě tuō tiān xià

第十四章
dì shí sì zhāng

視之不見名曰夷，聽之不聞名
shì zhī bú jiàn míng yuē yí tīng zhī bù wén míng

曰希，搏之不得名曰微。此三者不可
yuē xī bó zhī bù dé míng yuē wēi cǐ sān zhě bù kě

致詰，故混而爲一。其上不皦，其下不
zhì jié gù hùn ér wéi yī qí shàng bù jiǎo qí xià bú

昧，繩繩兮不可名，復歸于無物。是
mèi shéng shéng xī bù kě míng fù guī yú wú wù shì

謂無狀之狀，無物之象，是謂惚恍。
wèi wú zhuàng zhī zhuàng, wú wù zhī xiàng, shì wèi hū huǎng.

迎之不見其首，隨之不見其後。執古
yíng zhī bú jiàn qí shǒu, suí zhī bú jiàn qí hòu. zhí gǔ

之道，以御今之有，能知古始，是謂
zhī dào, yǐ yù jīn zhī yǒu, néng zhī gǔ shǐ, shì wèi

道紀。
dào jì.

第十五章
dì shí wǔ zhāng

古之善爲道者，微妙玄通，深不
gǔ zhī shàn wéi dào zhě, wēi miào xuán tōng, shēn bù

可識。夫唯不可識，故强爲之容：豫
kě shí. fú wéi bù kě shí, gù qiáng wèi zhī róng: yù

兮若冬涉川，猶兮若畏四鄰，儼兮其
xī ruò dōng shè chuān, yóu xī ruò wèi sì lín, yǎn xī qí

若客，渙兮若冰之將釋，敦兮其若
ruò kè, huàn xī ruò bīng zhī jiāng shì, dūn xī qí ruò

樸，曠兮其若谷，混兮其若濁。孰能
pǔ, kuàng xī qí ruò gǔ, hùn xī qí ruò zhuó. shú néng

濁以靜之徐清？孰能安以動之徐
zhuó yǐ jìng zhī xú qīng? shú néng ān yǐ dòng zhī xú

生？保此道者，不欲盈。夫唯不盈，故
shēng? bǎo cǐ dào zhě, bù yù yíng. fú wéi bù yíng, gù

能蔽而新成。
néng bì ér xīn chéng.

第十六章
dì shí liù zhāng

致虛極，守靜篤。萬物並作，吾以
zhì xū jí, shǒu jìng dǔ. wàn wù bìng zuò, wú yǐ

觀復。夫物芸芸，各復歸其根。歸根曰
guān fù. fú wù yún yún, gè fù guī qí gēn. guī gēn yuē

靜，靜曰復命。復命曰常，知常曰明。
jìng, jìng yuē fù mìng. fù mìng yuē cháng, zhī cháng yuē míng.

不知常，妄作凶。知常容，容乃公，公
bù zhī cháng, wàng zuò xiōng. zhī cháng róng, róng nǎi gōng, gōng

乃全，全乃天，天乃道，道乃久，沒身不殆。
nǎi quán, quán nǎi tiān, tiān nǎi dào, dào nǎi jiǔ, mò shēn bú dài.

第十七章
dì shí qī zhāng

太上，不知有之；其次，親而譽之；其次，畏之；其次，侮之。信不足焉，有不信焉。悠兮其貴言。功成事遂，百姓皆謂：『我自然。』
tài shàng, bù zhī yǒu zhī; qí cì, qīn ér yù zhī; qí cì, wèi zhī; qí cì, wǔ zhī. xìn bù zú yān, yǒu bú xìn yān. yōu xī qí guì yán. gōng chéng shì suì, bǎi xìng jiē wèi: "wǒ zì rán."

第十八章
dì shí bā zhāng

大道廢，有仁義；智慧出，有大
dà dào fèi, yǒu rén yì; zhì huì chū, yǒu dà

爲六親不和，有孝慈；國家昏亂，有忠臣。

第十九章

絶聖弃智，民利百倍；絶仁弃義，民復孝慈；絶巧弃利，盗賊無有。此三者以爲文不足，故令有所屬：見素抱樸，少思寡欲，絶學無憂。

第二十章

唯之與阿，相去幾何？善之與

惡，相去若何？人之所畏，不可不畏。
荒兮其未央哉！衆人熙熙，如享太
牢，如春登臺；我獨泊兮其未兆，如嬰
兒之未孩。儽儽兮若無所歸！衆人
皆有餘，而我獨若遺。我愚人之心也
哉，沌沌兮！俗人昭昭，我獨昏昏；俗
人察察，我獨悶悶。澹兮其若海，飂
兮若無止。衆人皆有以，而我獨頑似
鄙。我獨異于人，而貴食母。

第二十一章
dì èr shí yī zhāng

孔德之容，惟道是從。道之爲
kǒng dé zhī róng, wéi dào shì cóng. dào zhī wéi

物，惟恍惟惚。惚兮恍兮，其中有象；
wù, wéi huǎng wéi hū. hū xī huǎng xī, qí zhōng yǒu xiàng;

恍兮惚兮，其中有物。窈兮冥兮，其
huǎng xī hū xī, qí zhōng yǒu wù. yǎo xī míng xī, qí

中有精。其精甚真，其中有信。自古
zhōng yǒu jīng. qí jīng shèn zhēn, qí zhōng yǒu xìn. zì gǔ

及今，其名不去，以閱衆甫。吾何以
jí jīn, qí míng bú qù, yǐ yuè zhòng fǔ. wú hé yǐ

知衆甫之狀哉！以此。
zhī zhòng fǔ zhī zhuàng zāi! yǐ cǐ.

第二十二章
dì èr shí èr zhāng

曲則全，枉則直，窪則盈，敝則
qū zé quán, wǎng zé zhí, wā zé yíng, bì zé

新，少則多，多則惑。是以聖人抱一
xīn shǎo zé duō duō zé huò shì yǐ shèng rén bào yī

爲天下式。不自見，故明；不自是，故
wéi tiān xià shì bú zì xiàn gù míng bú zì shì gù

彰；不自伐，故有功；不自矜，故長。
zhāng bú zì fá gù yǒu gōng bú zì jīn gù cháng

夫唯不爭，故天下莫能與之爭。古之
fú wéi bù zhēng gù tiān xià mò néng yǔ zhī zhēng gǔ zhī

所謂『曲則全』者，豈虛言哉！誠全
suǒ wèi qū zé quán zhě qǐ xū yán zāi chéng quán

而歸之。
ér guī zhī

第二十三章
dì èr shí sān zhāng

希言自然。故飄風不終朝，驟雨
xī yán zì rán gù piāo fēng bù zhōng cháo zhòu yǔ

不終日。孰爲此者？天地。天地尚不
bù zhōng rì shú wéi cǐ zhě tiān dì tiān dì shàng bù

能久，而況于人乎？故從事于道者，同于道；德者，同于德；失者，同于失。同于道者，道亦樂得之；同于德者，德亦樂得之；同于失者，失亦樂得之。信不足焉，有不信焉。

第二十四章

企者不立；跨者不行；自見者不明，自是者不彰，自伐者無功，自矜者不長。其在道也，曰：余食贅形。

物或惡之，故有道者不處。
wù huò wù zhī，gù yǒu dào zhě bú chǔ。

第二十五章
dì èr shí wǔ zhāng

有物混成，先天地生。寂兮寥兮，獨立而不改，周行而不殆，可以爲天下母。吾不知其名，強字之曰道，強爲之名曰大。大曰逝，逝曰遠，遠曰反。故道大，天大，地大，人亦大。域中有四大，而人居其一焉。人法地，地法天，天法道，道法自然。

yǒu wù hùn chéng，xiān tiān dì shēng。jì xī liáo xī，dú lì ér bù gǎi，zhōu xíng ér bú dài，kě yǐ wéi tiān xià mǔ。wú bù zhī qí míng，qiǎng zì zhī yuē dào，qiǎng wéi zhī míng yuē dà。dà yuē shì，shì yuē yuǎn，yuǎn yuē fǎn。gù dào dà，tiān dà，dì dà，rén yì dà。yù zhōng yǒu sì dà，ér rén jū qí yī yān。rén fǎ dì，dì fǎ tiān，tiān fǎ dào，dào fǎ zì rán。

第二十六章

dì èr shí liù zhāng

重為輕根，靜為躁君。是以君子終日行不離輜重。雖有榮觀，燕處超然。奈何萬乘之主，而以身輕天下？輕則失根，躁則失君。

zhòng wéi qīng gēn, jìng wéi zào jūn. shì yǐ jūn zǐ zhōng rì xíng bù lí zī zhòng. suī yǒu róng guān, yàn chǔ chāo rán. nài hé wàn shèng zhī zhǔ, ér yǐ shēn qīng tiān xià? qīng zé shī gēn, zào zé shī jūn.

第二十七章

dì èr shí qī zhāng

善行無轍迹，善言無瑕讁；善數不用籌策，善閉無關楗而不可開，善結無繩約而不可解。是以聖人常

shàn xíng wú zhé jì, shàn yán wú xiá zhé; shàn shù bú yòng chóu cè, shàn bì wú guān jiàn ér bù kě kāi, shàn jié wú shéng yuē ér bù kě jiě. shì yǐ shèng rén cháng

善救人，故無棄人；常善救物，故無
shàn jiù rén, gù wú qì rén; cháng shàn jiù wù, gù wú
棄物。是謂襲明。故善人者，不善人
qì wù. shì wèi xí míng. gù shàn rén zhě, bú shàn rén
之師；不善人者，善人之資。不貴其
zhī shī; bú shàn rén zhě, shàn rén zhī zī. bú guì qí
師，不愛其資，雖智大迷。是謂要妙。
shī, bù ài qí zī, suī zhì dà mí. shì wèi yào miào.

第二十八章
dì èr shí bā zhāng

知其雄，守其雌，爲天下谿。爲天
zhī qí xióng, shǒu qí cí, wéi tiān xià xī. wéi tiān
下谿，常德不離，復歸于嬰兒。知其
xià xī, cháng dé bù lí, fù guī yú yīng ér. zhī qí
白，守其黑，爲天下式。爲天下式，
bái, shǒu qí hēi, wéi tiān xià shì. wéi tiān xià shì,
常德不忒，復歸于無極。知其榮，守
cháng dé bù tè, fù guī yú wú jí. zhī qí róng, shǒu

其辱，為天下谷。為天下谷，常德乃
qí rǔ, wéi tiān xià gǔ. wéi tiān xià gǔ, cháng dé nǎi

足，復歸于樸。樸散則為器，聖人用
zú, fù guī yú pǔ. pǔ sàn zé wéi qì, shèng rén yòng

之，則為官長。故大智不割。
zhī, zé wéi guān zhǎng. gù dà zhì bù gē.

第二十九章
dì èr shí jiǔ zhāng

將欲取天下而為之，吾見其不
jiāng yù qǔ tiān xià ér wéi zhī, wú jiàn qí bù

得已。天下神器，不可為也，為者敗
dé yǐ. tiān xià shén qì, bù kě wéi yě, wéi zhě bài

之，執者失之。夫物或行或隨，或歔
zhī, zhí zhě shī zhī. fú wù huò xíng huò suí, huò xū

或吹，或強或羸，或載或隳。是以聖
huò chuī, huò qiáng huò léi, huò zài huò huī. shì yǐ shèng

人去甚，去奢，去泰。
rén qù shèn, qù shē, qù tài.

第三十章

dì sān shí zhāng

以道佐人主者，不以兵强天下。其事好還。師之所處，荆棘生焉。大軍之後，必有凶年。善者果而已，不以取强。果而勿矜，果而勿伐，果而勿驕。果而不得已，果而勿强。物壯則老，是謂不道，不道早已。

yǐ dào zuǒ rén zhǔ zhě, bù yǐ bīng qiáng tiān xià. qí shì hào huán. shī zhī suǒ chǔ, jīng jí shēng yān. dà jūn zhī hòu, bì yǒu xiōng nián. shàn zhě guǒ ér yǐ, bù yǐ qǔ qiáng. guǒ ér wù jīn, guǒ ér wù fá, guǒ ér wù jiāo. guǒ ér bù dé yǐ, guǒ ér wù qiáng. wù zhuàng zé lǎo, shì wèi bú dào, bú dào zǎo yǐ.

第三十一章

dì sān shí yī zhāng

夫兵者，不祥之器，物或惡之，

fú bīng zhě, bù xiáng zhī qì, wù huò wù zhī,

故有道者不處。君子居則貴左，用兵
gù yǒu dào zhě bù chǔ jūn zǐ jū zé guì zuǒ yòng bīng

則貴右。兵者，不祥之器，非君子之
zé guì yòu bīng zhě bù xiáng zhī qì fēi jūn zǐ zhī

器，不得已而用之，恬淡爲上。勝而
qì bù dé yǐ ér yòng zhī tián dàn wéi shàng shèng ér

不美，而美之者，是樂殺人。夫樂殺
bù měi ér měi zhī zhě shì lè shā rén fú lè shā

人者，則不可得志于天下矣。吉事尚
rén zhě zé bù kě dé zhì yú tiān xià yǐ jí shì shàng

左，凶事尚右。偏將軍居左，上將軍
zuǒ xiōng shì shàng yòu piān jiāng jūn jū zuǒ shàng jiāng jūn

居右，言以喪禮處之。殺人之衆，以
jū yòu yán yǐ sāng lǐ chǔ zhī shā rén zhī zhòng yǐ

悲哀莅之；戰勝以喪禮處之。
bēi āi lì zhī zhàn shèng yǐ sāng lǐ chǔ zhī

第三十二章
dì sān shí èr zhāng

道常無名，樸雖小，天下莫能臣。侯王若能守之，萬物將自賓。天地相合，以降甘露，民莫之令而自均。始制有名，名亦既有，夫亦將知止，知止可以不殆。譬道之在天下，猶川谷之于江海。

dào cháng wú míng, pǔ suī xiǎo, tiān xià mò néng chén. hóu wáng ruò néng shǒu zhī, wàn wù jiāng zì bīn. tiān dì xiāng hé, yǐ jiàng gān lù, mín mò zhī lìng ér zì jūn. shǐ zhì yǒu míng, míng yì jì yǒu, fú yì jiāng zhī zhǐ, zhī zhǐ kě yǐ bú dài. pì dào zhī zài tiān xià, yóu chuān gǔ zhī yú jiāng hǎi.

第三十三章
dì sān shí sān zhāng

知人者智，自知者明。勝人者有

zhī rén zhě zhì, zì zhī zhě míng. shèng rén zhě yǒu

力，自勝者強。知足者富，強行者有
lì zì shèng zhě qiáng zhī zú zhě fù qiáng xíng zhě yǒu

志。不失其所者久。死而不亡者壽。
zhì bù shī qí suǒ zhě jiǔ sǐ ér bù wáng zhě shòu

第三十四章
dì sān shí sì zhāng

大道氾兮，其可左右。萬物恃之
dà dào fàn xī qí kě zuǒ yòu wàn wù shì zhī

以生而不辭，功成而不有，衣養萬物
yǐ shēng ér bù cí gōng chéng ér bù yǒu yī yǎng wàn wù

而不爲主，可名于小；萬物歸焉而
ér bú wéi zhǔ kě míng yú xiǎo wàn wù guī yān ér

不爲主，可名爲大。以其終不自爲
bù wéi zhǔ kě míng wéi dà yǐ qí zhōng bù zì wéi

大，故能成其大。
dà gù néng chéng qí dà

第三十五章

dì sān shí wǔ zhāng

執大象，天下往。往而不害，安平太。樂與餌，過客止。道之出口，淡乎其無味，視之不足見，聽之不足聞，用之不足既。

zhí dà xiàng，tiān xià wǎng。wǎng ér bú hài，ān píng tài。yuè yǔ ěr，guò kè zhǐ。dào zhī chū kǒu，dàn hū qí wú wèi，shì zhī bù zú jiàn，tīng zhī bù zú wén，yòng zhī bù zú jì。

第三十六章

dì sān shí liù zhāng

將欲歙之，必固張之；將欲弱之，必固強之；將欲廢之，必固興之；將欲取之，必固與之。是謂微

jiāng yù xī zhī，bì gù zhāng zhī；jiāng yù ruò zhī，bì gù qiáng zhī；jiāng yù fèi zhī，bì gù xīng zhī；jiāng yù qǔ zhī，bì gù yǔ zhī。shì wèi wēi

明。柔弱勝剛强。魚不可脱于淵，國之利器不可以示人。

míng. róu ruò shèng gāng qiáng. yú bù kě tuō yú yuān, guó zhī lì qì bù kě yǐ shì rén.

第三十七章

dì sān shí qī zhāng

道常無爲而無不爲，侯王若能守之，萬物將自化。化而欲作，吾將鎮之以無名之樸。鎮之以無名之樸，夫亦將無欲。不欲以静，天下將自正。

dào cháng wú wéi ér wú bú wéi, hóu wáng ruò néng shǒu zhī, wàn wù jiāng zì huà. huà ér yù zuò, wú jiāng zhèn zhī yǐ wú míng zhī pǔ. zhèn zhī yǐ wú míng zhī pǔ, fú yì jiāng wú yù. bù yù yǐ jìng, tiān xià jiāng zì zhèng.

第三十八章

dì sān shí bā zhāng

上德不德，是以有德；下德不失

shàng dé bù dé, shì yǐ yǒu dé; xià dé bù shī

德，是以無德。上德無爲而無以爲，
dé, shì yǐ wú dé. shàng dé wú wéi ér wú yǐ wéi,

下德無爲，而有以爲。上仁爲之而無
xià dé wú wéi, ér yǒu yǐ wéi. shàng rén wéi zhī ér wú

以爲，上義爲之而有以爲。上禮爲之
yǐ wéi, shàng yì wéi zhī ér yǒu yǐ wéi. shàng lǐ wéi zhī

而莫之應，則攘臂而扔之。故失道而
ér mò zhī yìng, zé rǎng bì ér rēng zhī. gù shī dào ér

後德，失德而後仁，失仁而後義，失
hòu dé, shī dé ér hòu rén, shī rén ér hòu yì, shī

義而後禮。夫禮者，忠信之薄，而亂
yì ér hòu lǐ. fú lǐ zhě, zhōng xìn zhī bó, ér luàn

之首。前識者，道之華，而愚之始。是
zhī shǒu. qián shí zhě, dào zhī huá, ér yú zhī shǐ. shì

以大丈夫處其厚，不居其薄；處其
yǐ dà zhàng fū chǔ qí hòu, bù jū qí bó; chǔ qí

實，不居其華。故去彼取此。
shí, bù jū qí huá. gù qù bǐ qǔ cǐ.

第三十九章

昔之得一者：天得一以清，地得一以寧，神得一以靈，谷得一以盈，萬物得一以生，侯王得一以爲天下正。其致之，天無以清，將恐裂；地無以寧，將恐發；神無以靈，將恐歇；谷無以盈，將恐竭；萬物無以生，將恐滅；侯王無以正，將恐蹶。故貴以賤爲本，高以下爲基。是以侯王自

謂孤、寡、不穀，此非以賤爲本邪？非
wèi gū guǎ bù gǔ cǐ fēi yǐ jiàn wéi běn yé fēi

乎？故致譽無譽。是故不欲琭琭如
hū gù zhì yù wú yù shì gù bù yù lù lù rú

玉，珞珞如石。
yù luò luò rú shí

第四十章
dì sì shí zhāng

反者，道之動；弱者，道之用。天
fǎn zhě dào zhī dòng ruò zhě dào zhī yòng tiān

下萬物生于有，有生于無。
xià wàn wù shēng yú yǒu yǒu shēng yú wú

第四十一章
dì sì shí yī zhāng

上士聞道，勤而行之；中士聞
shàng shì wén dào qín ér xíng zhī zhōng shì wén

道，若存若亡；下士聞道，大笑之。不
dào ruò cún ruò wú xià shì wén dào dà xiào zhī bú

笑，不足以爲道。故建言有之：明道
xiào, bù zú yǐ wéi dào. gù jiàn yán yǒu zhī: míng dào

若昧，進道若退，夷道若纇，上德若
ruò mèi, jìn dào ruò tuì, yí dào ruò lèi, shàng dé ruò

谷，大白若辱，廣德若不足，建德若
gǔ, dà bái ruò rǔ, guǎng dé ruò bù zú, jiàn dé ruò

偷，質真若渝，大方無隅，大器晚成，
tōu, zhì zhēn ruò yú, dà fang wú yú, dà qì wǎn chéng,

大音希聲，大象無形，道隱無名。夫
dà yīn xī shēng, dà xiàng wú xíng, dào yǐn wú míng. fú

唯道，善貸且成。
wéi dào, shàn dài qiě chéng.

第四十二章
dì sì shí èr zhāng

道生一，一生二，二生三，三生萬
dào shēng yī, yī shēng èr, èr shēng sān, sān shēng wàn

物。萬物負陰而抱陽，衝氣以爲和。人
wù. wàn wù fù yīn ér bào yáng, chōng qì yǐ wéi hé. rén

之所惡，唯孤、寡、不穀，而王公以爲
zhī suǒ wù，wéi gū、guǎ、bù gǔ，ér wáng gōng yǐ wéi
稱。故物或損之而益，或益之而損。
chēng。gù wù huò sǔn zhī ér yì，huò yì zhī ér sǔn。
人之所教，我亦教之，強梁者不得其
rén zhī suǒ jiào，wǒ yì jiào zhī，qiáng liáng zhě bù dé qí
死，吾將以爲教父。
sǐ，wú jiāng yǐ wéi jiào fù。

第四十三章
dì sì shí sān zhāng

天下之至柔，馳騁天下之至
tiān xià zhī zhì róu，chí chěng tiān xià zhī zhì
堅。無有入無間。吾是以知無爲之有
jiān。wú yǒu rù wú jiàn。wú shì yǐ zhī wú wéi zhī yǒu
益。不言之教，無爲之益，天下希及
yì。bù yán zhī jiào，wú wéi zhī yì，tiān xià xī jí
之。
zhī。

第四十四章
dì sì shí sì zhāng

名與身孰親？身與貨孰多？得與亡孰病？是故甚愛必大費，多藏必厚亡。故知足不辱，知止不殆，可以長久。

míng yǔ shēn shú qīn? shēn yǔ huò shú duō? dé yǔ wáng shú bìng? shì gù shèn ài bì dà fèi, duō cáng bì hòu wáng. gù zhī zú bù rǔ, zhī zhǐ bú dài, kě yǐ cháng jiǔ.

第四十五章
dì sì shí wǔ zhāng

大成若缺，其用不弊；大盈若沖，其用不窮。大直若屈，大巧若拙，大辯若訥。靜勝寒，靜勝熱。清靜爲

dà chéng ruò quē, qí yòng bú bì; dà yíng ruò chōng, qí yòng bù qióng. dà zhí ruò qū, dà qiǎo ruò zhuō, dà biàn ruò nè. jìng shèng hán, jìng shèng rè. qīng jìng wéi

天下正。
tiān xià zhèng

第四十六章
dì sì shí liù zhāng

天下有道，卻走馬以糞；天下無
tiān xià yǒu dào, què zǒu mǎ yǐ fèn; tiān xià wú

道，戎馬生于郊。禍莫大于不知足，
dào, róng mǎ shēng yú jiāo. huò mò dà yú bù zhī zú,

咎莫大于欲得。故知足之足，常足
jiù mò dà yú yù dé. gù zhī zú zhī zú, cháng zú

矣。
yǐ.

第四十七章
dì sì shí qī zhāng

不出户，知天下；不窺牖，見天
bù chū hù, zhī tiān xià; bù kuī yǒu, jiàn tiān

道。其出彌遠，其知彌少。是以聖人
dào. qí chū mí yuǎn, qí zhī mí shǎo. shì yǐ shèng rén

不行而知，不見而明，不爲而成。
bù xíng ér zhī, bú jiàn ér míng, bú wéi ér chéng.

第四十八章
dì sì shí bā zhāng

爲學日益，爲道日損。損之又損，以至于無爲。無爲而無不爲。取天下常以無事，及其有事，不足以取天下。
wéi xué rì yì, wéi dào rì sǔn. sǔn zhī yòu sǔn, yǐ zhì yú wú wéi. wú wéi ér wú bú wéi. qǔ tiān xià cháng yǐ wú shì, jí qí yǒu shì, bù zú yǐ qǔ tiān xià.

第四十九章
dì sì shí jiǔ zhāng

聖人無心，以百姓心爲心。善者吾善之，不善者吾亦善之，德善。信
shèng rén wú xīn, yǐ bǎi xìng xīn wéi xīn. shàn zhě wú shàn zhī, bú shàn zhě wú yì shàn zhī, dé shàn. xìn

者吾信之，不信者吾亦信之，德信。
zhě wú xìn zhī, bú xìn zhě wú yì xìn zhī, dé xìn.

聖人在天下，歙歙焉；爲天下，渾其
shèng rén zài tiān xià, xī xī yān; wéi tiān xià, hún qí

心，百姓皆注其耳目，聖人皆孩之。
xīn, bǎi xìng jiē zhù qí ěr mù, shèng rén jiē hái zhī.

第五十章
dì wǔ shí zhāng

出生入死。生之徒，十有三；死
chū shēng rù sǐ. shēng zhī tú, shí yǒu sān; sǐ

之徒，十有三；人之生，動之死地，
zhī tú, shí yǒu sān; rén zhī shēng, dòng zhī sǐ dì,

亦十有三。夫何故？以其生生之厚。蓋
yì shí yǒu sān. fú hé gù? yǐ qí shēng shēng zhī hòu. gài

聞善攝生者，陸行不遇兕虎，入軍不
wén shàn shè shēng zhě, lù xíng bú yù sì hǔ, rù jūn bú

被甲兵。兕無所投其角，虎無所措其
bèi jiǎ bīng. sì wú suǒ tóu qí jiǎo, hǔ wú suǒ cuò qí

爪，兵無所容其刃。夫何故？以其無死地。
zhǎo, bīng wú suǒ róng qí rèn. fú hé gù? yǐ qí wú sǐ dì.

第五十一章
dì wǔ shí yī zhāng

道生之，德畜之，物形之，勢成之。是以萬物莫不尊道而貴德。道之尊，德之貴，夫莫之命而常自然。故道生之，德畜之，長之育之，亭之毒之，養之覆之。生而不有，爲而不恃，長而不宰。是謂玄德。
dào shēng zhī, dé xù zhī, wù xíng zhī, shì chéng zhī. shì yǐ wàn wù mò bù zūn dào ér guì dé. dào zhī zūn, dé zhī guì, fú mò zhī mìng ér cháng zì rán. gù dào shēng zhī, dé xù zhī, zhǎng zhī yù zhī, tíng zhī dú zhī, yǎng zhī fù zhī. shēng ér bù yǒu, wéi ér bú shì, zhǎng ér bù zǎi. shì wèi xuán dé.

第五十二章

dì wǔ shí èr zhāng

天下有始，以爲天下母。既得其母，以知其子；復守其母，沒身不殆。塞其兌，閉其門，終身不勤；開其兌，濟其事，終身不救。見小曰明，守柔曰強。用其光，復歸其明；無遺身殃，是爲襲常。

tiān xià yǒu shǐ, yǐ wéi tiān xià mǔ. jì dé qí mǔ, yǐ zhī qí zǐ; fù shǒu qí mǔ, mò shēn bú dài. sāi qí duì, bì qí mén, zhōng shēn bù qín; kāi qí duì, jì qí shì, zhōng shēn bú jiù. jiàn xiǎo yuē míng, shǒu róu yuē qiáng. yòng qí guāng, fù guī qí míng; wú yí shēn yāng, shì wéi xí cháng.

第五十三章

dì wǔ shí sān zhāng

使我介然有知，行于大道，唯施

shǐ wǒ jiè rán yǒu zhī, xíng yú dà dào, wéi yǐ

是畏。大道甚夷，而人好徑。朝甚除，
shì wèi. dà dào shèn yí, ér rén hào jìng. cháo shèn chú,

田甚蕪，倉甚虛；服文采，帶利劍，
tián shèn wú, cāng shèn xū; fú wén cǎi, dài lì jiàn,

厭飲食，財貨有餘，是爲盜夸。非道
yàn yǐn shí, cái huò yǒu yú, shì wèi dào kuā. fēi dào

也哉！
yě zāi!

第五十四章
dì wǔ shí sì zhāng

善建者不拔，善抱者不脱，子孫以
shàn jiàn zhě bù bá, shàn bào zhě bù tuō, zǐ sūn yǐ

祭祀不輟。修之于身，其德乃真；修
jì sì bú chuò. xiū zhī yú shēn, qí dé nǎi zhēn; xiū

之于家，其德乃餘；修之于鄉，其德
zhī yú jiā, qí dé nǎi yú; xiū zhī yú xiāng, qí dé

乃長；修之于邦，其德乃豐；修之于
nǎi cháng; xiū zhī yú bāng, qí dé nǎi fēng; xiū zhī yú

天下，其德乃普。故以身觀身，以家
tiān xià, qí dé nǎi pǔ. gù yǐ shēn guān shēn, yǐ jiā

觀家，以鄉觀鄉，以邦觀邦，以天下
guān jiā, yǐ xiāng guān xiāng, yǐ bāng guān bāng, yǐ tiān xià

觀天下。吾何以知天下然哉？以此。
guān tiān xià. wú hé yǐ zhī tiān xià rán zāi? yǐ cǐ.

第五十五章
dì wǔ shí wǔ zhāng

含德之厚，比于赤子。蜂蠆虺蛇
hán dé zhī hòu, bǐ yú chì zǐ. fēng chài huī shé

不螫，猛獸不據，攫鳥不搏。骨弱筋
bú shì, měng shòu bù jù, jué niǎo bù bó. gǔ ruò jīn

柔而握固，未知牝牡之合而朘作，精
róu ér wò gù, wèi zhī pìn mǔ zhī hé ér zuì zuò, jīng

之至也。終日號而不嗄，和之至也。
zhī zhì yě. zhōng rì háo ér bú yǎ, hé zhī zhì yě.

知和曰常，知常曰明。益生曰祥，心使
zhī hé yuē cháng, zhī cháng yuē míng. yì shēng yuē xiáng, xīn shǐ

氣曰強。物壯則老，是謂不道，不道早已。

qì yuē qiáng。wù zhuàng zé lǎo，shì wèi bú dào，bú dào zǎo yǐ。

第五十六章

dì wǔ shí liù zhāng

知者不言，言者不知。塞其兌，閉其門，挫其銳，解其紛，和其光，同其塵，是謂玄同。故不可得而親，不可得而疏；不可得而利，不可得而害；不可得而貴，不可得而賤。故為天下貴。

zhì zhě bù yán，yán zhě bù zhì。sāi qí duì，bì qí mén，cuò qí ruì，jiě qí fēn，hé qí guāng，tóng qí chén，shì wèi xuán tóng。gù bù kě dé ér qīn，bù kě dé ér shū；bù kě dé ér lì，bù kě dé ér hài；bù kě dé ér guì，bù kě dé ér jiàn。gù wéi tiān xià guì。

第五十七章

dì wǔ shí qī zhāng

以正治國，以奇用兵，以無事取天下。吾何以知其然哉？以此。天下多忌諱，而民彌貧；人多利器，國家滋昏；人多伎巧，奇物滋起；法令滋彰，盜賊多有。故聖人云：『我無為，而民自化，我好靜，而民自正，我無事而民自富，我無欲，而民自樸。』

yǐ zhèng zhì guó, yǐ qí yòng bīng, yǐ wú shì qǔ tiān xià. wú hé yǐ zhī qí rán zāi? yǐ cǐ. tiān xià duō jì huì, ér mín mí pín; rén duō lì qì, guó jiā zī hūn; rén duō jì qiǎo, qí wù zī qǐ; fǎ lìng zī zhāng, dào zéi duō yǒu. gù shèng rén yún: wǒ wú wéi, ér mín zì huà, wǒ hǎo jìng, ér mín zì zhèng, wǒ wú shì ér mín zì fù, wǒ wú yù, ér mín zì pǔ.

第五十八章
dì wǔ shí bā zhāng

其政悶悶，其民淳淳；其政察察，其民缺缺。禍兮福之所倚，福兮禍之所伏。孰知其極？其無正。正復爲奇，善復爲妖。人之迷，其日固久。是以聖人方而不割，廉而不劌，直而不肆，光而不耀。

qí zhèng mèn mèn, qí mín chún chún; qí zhèng chá chá, qí mín quē quē. huò xī fú zhī suǒ yǐ, fú xī huò zhī suǒ fú. shú zhī qí jí? qí wú zhèng. zhèng fù wéi qí, shàn fù wéi yāo. rén zhī mí, qí rì gù jiǔ. shì yǐ shèng rén fāng ér bù gē, lián ér bú guì, zhí ér bù sì, guāng ér bù yào.

第五十九章
dì wǔ shí jiǔ zhāng

治人事天，莫若嗇。夫爲嗇，是謂

zhì rén shì tiān, mò ruò sè. fú wéi sè, shì wèi

早服，早服謂之重積德；重積德則
zǎo fú, zǎo fú wèi zhī chóng jī dé; chóng jī dé zé

無不克；無不克則莫知其極；莫知
wú bú kè; wú bú kè zé mò zhī qí jí; mò zhī

其極，可以有國；有國之母，可以長
qí jí, kě yǐ yǒu guó; yǒu guó zhī mǔ, kě yǐ cháng

久。是謂深根固柢，長生久視之道。
jiǔ. shì wèi shēn gēn gù dǐ, cháng shēng jiǔ shì zhī dào.

第六十章
dì liù shí zhāng

治大國，若烹小鮮。以道莅天
zhì dà guó, ruò pēng xiǎo xiān. yǐ dào lì tiān

下，其鬼不神；非其鬼不神，其神不
xià, qí guǐ bù shén; fēi qí guǐ bù shén, qí shén bù

傷人；非其神不傷人，聖人亦不傷
shāng rén; fēi qí shén bù shāng rén, shèng rén yì bù shāng

人。夫兩不相傷，故德交歸焉。
rén. fú liǎng bù xiāng shāng, gù dé jiāo guī yān.

第六十一章

dì liù shí yī zhāng

大國者下流，天下之交，天下之

dà guó zhě xià liú， tiān xià zhī jiāo， tiān xià zhī

牝。牝常以靜勝牡，以靜爲下。故大

pìn。 pìn cháng yǐ jìng shèng mǔ， yǐ jìng wéi xià。 gù dà

國以下小國，則取小國；小國以下

guó yǐ xià xiǎo guó， zé qǔ xiǎo guó； xiǎo guó yǐ xià

大國，則取大國。故或下以取，或下

dà guó， zé qǔ dà guó。 gù huò xià yǐ qǔ， huò xià

而取。大國不過欲兼畜人，小國不過

ér qǔ。 dà guó bú guò yù jiān xù rén， xiǎo guó bú guò

欲入事人。夫兩者各得所欲，大者宜

yù rù shì rén。 fú liǎng zhě gè de suǒ yù， dà zhě yí

爲下。

wéi xià。

第六十二章
dì liù shí èr zhāng

道者萬物之奥，善人之寶，不善人之所保。美言可以市尊，美行可以加人。人之不善，何弃之有？故立天子，置三公，雖有拱璧以先駟馬，不如坐進此道。古之所以貴此道者何？不曰：求以得，有罪以免邪？故爲天下貴。

dào zhě wàn wù zhī ào, shàn rén zhī bǎo, bú shàn rén zhī suǒ bǎo. měi yán kě yǐ shì zūn, měi xíng kě yǐ jiā rén. rén zhī bú shàn, hé qì zhī yǒu? gù lì tiān zǐ, zhì sān gōng, suī yǒu gǒng bì yǐ xiān sì mǎ, bù rú zuò jìn cǐ dào. gǔ zhī suǒ yǐ guì cǐ dào zhě hé? bù yuē: qiú yǐ dé, yǒu zuì yǐ miǎn yé? gù wéi tiān xià guì.

第六十三章
dì liù shí sān zhāng

爲無爲，事無事，味無味。大小多
wéi wú wéi, shì wú shì, wèi wú wèi. dà xiǎo duō

少，報怨以德。圖難于其易，爲大于
shǎo, bào yuàn yǐ dé. tú nán yú qí yì, wéi dà yú

其細。天下難事，必作于易；天下大
qí xì. tiān xià nán shì, bì zuò yú yì; tiān xià dà

事，必作于細。是以聖人終不爲大，故
shì, bì zuò yú xì. shì yǐ shèng rén zhōng bù wéi dà, gù

能成其大。夫輕諾必寡信，多易必多
néng chéng qí dà. fú qīng nuò bì guǎ xìn, duō yì bì duō

難。是以聖人猶難之，故終無難矣。
nán. shì yǐ shèng rén yóu nán zhī, gù zhōng wú nán yǐ.

第六十四章
dì liù shí sì zhāng

其安易持，其未兆易謀。其脆
qí ān yì chí, qí wèi zhào yì móu. qí cuì

易泮，其微易散。爲之于未有，治之

yì pàn, qí wēi yì sàn. wéi zhī yú wèi yǒu, zhì zhī

于未亂。合抱之木，生于毫末；九層

yú wèi luàn. hé bào zhī mù, shēng yú háo mò; jiǔ céng

之臺，起于累土；千里之行，始于足

zhī tái, qǐ yú lěi tǔ; qiān lǐ zhī xíng, shǐ yú zú

下。爲者敗之，執者失之。是以聖人

xià. wéi zhě bài zhī, zhí zhě shī zhī. shì yǐ shèng rén

無爲故無敗，無執故無失。民之從

wú wéi gù wú bài, wú zhí gù wú shī. mín zhī cóng

事，常于幾成而敗之。慎終如始，則

shì, cháng yú jī chéng ér bài zhī. shèn zhōng rú shǐ, zé

無敗事。是以聖人欲不欲，不貴難得

wú bài shì. shì yǐ shèng rén yù bù yù, bú guì nán dé

之貨；學不學，復衆人之所過；以輔

zhī huò; xué bù xué, fù zhòng rén zhī suǒ guò; yǐ fǔ

萬物之自然而不敢爲。

wàn wù zhī zì rán ér bù gǎn wèi.

第六十五章
dì liù shí wǔ zhāng

古之善爲道者，非以明民，將以愚之。民之難治，以其智多。故以智治國，國之賊；不以智治國，國之福。知此兩者亦稽式。常知稽式，是謂玄德。玄德深矣，遠矣，與物反矣，然後乃至大順。

gǔ zhī shàn wéi dào zhě, fēi yǐ míng mín, jiāng yǐ yú zhī. mín zhī nán zhì, yǐ qí zhì duō. gù yǐ zhì zhì guó, guó zhī zéi; bù yǐ zhì zhì guó, guó zhī fú. zhī cǐ liǎng zhě yì jī shì. cháng zhī jī shì, shì wèi xuán dé. xuán dé shēn yǐ, yuǎn yǐ, yǔ wù fǎn yǐ, rán hòu nǎi zhì dà shùn.

第六十六章
dì liù shí liù zhāng

江海之所以能爲百谷王者，以

jiāng hǎi zhī suǒ yǐ néng wéi bǎi gǔ wáng zhě, yǐ

其善下之，故能爲百谷王。是以聖人
qí shàn xià zhī, gù néng wéi bǎi gǔ wáng. shì yǐ shèng rén

欲上民，必以言下之；欲先民，必以
yù shàng mín, bì yǐ yán xià zhī; yù xiān mín, bì yǐ

身後之。是以聖人處上而民不重，
shēn hòu zhī. shì yǐ shèng rén chǔ shàng ér mín bú zhòng,

處前而民不害。是以天下樂推而不
chǔ qián ér mín bú hài. shì yǐ tiān xià lè tuī ér bú

厭。以其不爭，故天下莫能與之爭。
yàn. yǐ qí bù zhēng, gù tiān xià mò néng yǔ zhī zhēng.

第六十七章
dì liù shí qī zhāng

天下皆謂我道大，似不肖。夫唯
tiān xià jiē wèi wǒ dào dà, sì bú xiāo. fú wéi

大，故似不肖。若肖，久矣其細也夫。
dà, gù sì bú xiāo. ruò xiāo, jiǔ yǐ qí xì yě fú.

我有三寶，持而保之：一曰慈，二曰
wǒ yǒu sān bǎo, chí ér bǎo zhī: yì yuē cí, èr yuē

儉，三曰不敢爲天下先。慈，故能勇；
jiǎn, sān yuē bù gǎn wéi tiān xià xiān. cí, gù néng yǒng;

儉，故能廣；不敢爲天下先，故能成
jiǎn, gù néng guǎng; bù gǎn wéi tiān xià xiān, gù néng chéng

器長。今舍慈且勇，舍儉且廣，舍後
qì zhǎng. jīn shě cí qiě yǒng, shě jiǎn qiě guǎng, shě hòu

且先，死矣！夫慈，以戰則勝，以守則
qiě xiān, sǐ yǐ! fú cí, yǐ zhàn zé shèng, yǐ shǒu zé

固。天將救之，以慈衛之。
gù. tiān jiāng jiù zhī, yǐ cí wèi zhī.

第六十八章
dì liù shí bā zhāng

善爲士者不武，善戰者不怒，善
shàn wéi shì zhě bù wǔ, shàn zhàn zhě bú nù, shàn

勝敵者不與，善用人者爲之下。是謂
shèng dí zhě bù yǔ, shàn yòng rén zhě wéi zhī xià. shì wèi

不爭之德，是謂用人之力，是謂配天
bù zhēng zhī dé, shì wèi yòng rén zhī lì, shì wèi pèi tiān

之極。

第六十九章

用兵有言：『吾不敢爲主而爲客，不敢進寸而退尺。』是謂行無行，攘無臂，扔無敵，執無兵。禍莫大于輕敵，輕敵幾喪吾寶。故抗兵相加，哀者勝矣。

第七十章

吾言甚易知，甚易行。天下莫能

知，莫能行。言有宗，事有君。夫唯無
zhī, mò néng xíng. yán yǒu zōng, shì yǒu jūn. fú wéi wú

知，是以不我知。知我者希，則我者
zhī, shì yǐ bù wǒ zhī. zhī wǒ zhě xī, zé wǒ zhě

貴。是以聖人被褐懷玉。
guì. shì yǐ shèng rén pī hè huái yù.

第七十一章
dì qī shí yī zhāng

知不知，尚矣；不知知，病也。聖
zhī bù zhī, shàng yǐ; bù zhī zhī, bìng yě. shèng

人不病，以其病病。夫唯病病，是以
rén bú bìng, yǐ qí bìng bìng. fú wéi bìng bìng, shì yǐ

不病。
bú bìng.

第七十二章
dì qī shí èr zhāng

民不畏威，則大威至。無狎其所
mín bú wèi wēi, zé dà wēi zhì. wú xiá qí suǒ

居（jū），無（wú）厭（yàn）其（qí）所（suǒ）生（shēng）。夫（fú）唯（wéi）不（bù）厭（yàn），是（shì）以（yǐ）不（bú）厭（yàn）。是（shì）以（yǐ）聖（shèng）人（rén）自（zì）知（zhī）不（bú）自（zì）見（xiàn），自（zì）愛（ài）不（bú）自（zì）貴（guì）。故（gù）去（qù）彼（bǐ）取（qǔ）此（cǐ）。

第（dì）七（qī）十（shí）三（sān）章（zhāng）

勇（yǒng）于（yú）敢（gǎn）則（zé）殺（shā），勇（yǒng）于（yú）不（bù）敢（gǎn）則（zé）活（huó）。此（cǐ）兩（liǎng）者（zhě），或（huò）利（lì）或（huò）害（hài）。天（tiān）之（zhī）所（suǒ）惡（wù），孰（shú）知（zhī）其（qí）故（gù）？是（shì）以（yǐ）聖（shèng）人（rén）猶（yóu）難（nán）之（zhī）。天（tiān）之（zhī）道（dào），不（bù）爭（zhēng）而（ér）善（shàn）勝（shèng），不（bù）言（yán）而（ér）善（shàn）應（yìng），不（bú）召（zhào）而（ér）自（zì）來（lái），坦（tǎn）然（rán）而（ér）善（shàn）謀（móu）。天（tiān）網（wǎng）恢（huī）恢（huī），疏（shū）而（ér）不（bù）失（shī）。

第七十四章
dì qī shí sì zhāng

民不畏死，奈何以死懼之？若使民常畏死，而爲奇者，吾得執而殺之，孰敢？常有司殺者殺。夫代司殺者殺，是謂代大匠斫，夫代大匠斫者，希有不傷其手矣。

mín bú wèi sǐ, nài hé yǐ sǐ jù zhī? ruò shǐ mín cháng wèi sǐ, ér wéi qí zhě, wú dé zhí ér shā zhī, shú gǎn? cháng yǒu sī shā zhě shā. fú dài sī shā zhě shā, shì wèi dài dà jiàng zhuó, fú dài dà jiàng zhuó zhě, xī yǒu bù shāng qí shǒu yǐ.

第七十五章
dì qī shí wǔ zhāng

民之饑，以其上食税之多，是以饑。民之難治，以其上之有爲，是以

mín zhī jī, yǐ qí shàng shí shuì zhī duō, shì yǐ jī. mín zhī nán zhì, yǐ qí shàng zhī yǒu wéi, shì yǐ

難治。民之輕死，以其上求生之厚，是以輕死。夫唯無以生爲者，是賢于貴生。

nán zhì。mín zhī qīng sǐ，yǐ qí shàng qiú shēng zhī hòu，shì yǐ qīng sǐ。fú wéi wú yǐ shēng wéi zhě，shì xián yú guì shēng。

第七十六章

dì qī shí liù zhāng

人之生也柔弱，其死也堅强。草木之生也柔脆，其死也枯槁。故堅强者死之徒，柔弱者生之徒。是以兵强則滅，木强則折。强大處下，柔弱處上。

rén zhī shēng yě róu ruò，qí sǐ yě jiān qiáng。cǎo mù zhī shēng yě róu cuì，qí sǐ yě kū gǎo。gù jiān qiáng zhě sǐ zhī tú，róu ruò zhě shēng zhī tú。shì yǐ bīng qiáng zé miè，mù qiáng zé zhé。qiáng dà chǔ xià，róu ruò chǔ shàng。

第七十七章
dì qī shí qī zhāng

天之道，其猶張弓歟！高者抑
tiān zhī dào, qí yóu zhāng gōng yú! gāo zhě yì

之，下者舉之；有餘者損之，不足者
zhī, xià zhě jǔ zhī; yǒu yú zhě sǔn zhī, bù zú zhě

補之。天之道，損有余而補不足；
bǔ zhī. tiān zhī dào, sǔn yǒu yú ér bǔ bù zú;

人之道，則不然，損不足以奉有餘。
rén zhī dào, zé bù rán, sǔn bù zú yǐ fèng yǒu yú.

孰能有餘以奉天下？唯有道者。是
shú néng yǒu yú yǐ fèng tiān xià? wéi yǒu dào zhě. shì

以聖人爲而不恃，功成而不處，其不
yǐ shèng rén wéi ér bú shì, gōng chéng ér bú chǔ, qí bú

欲見賢。
yù xiàn xián.

第七十八章
dì qī shí bā zhāng

天下莫柔弱于水，而攻堅强者
tiān xià mò róu ruò yú shuǐ， ér gōng jiān qiáng zhě

莫之能勝，以其無以易之。弱之勝
mò zhī néng shèng， yǐ qí wú yǐ yì zhī。 ruò zhī shèng

强，柔之勝剛，天下莫不知，莫能行。
qiáng， róu zhī shèng gāng， tiān xià mò bù zhī， mò néng xíng。

是以聖人云：『受國之垢，是謂社稷
shì yǐ shèng rén yún：『shòu guó zhī gòu， shì wèi shè jì

主；受國不祥，是爲天下王。』正言若
zhǔ； shòu guó bù xiáng， shì wéi tiān xià wáng。』 zhèng yán ruò

反。
fǎn。

第七十九章
dì qī shí jiǔ zhāng

和大怨，必有餘怨，安可以爲
hé dà yuàn， bì yǒu yú yuàn， ān kě yǐ wéi

善？是以聖人執左契，而不責于人。
shàn? shì yǐ shèng rén zhí zuǒ qì, ér bù zé yú rén.

有德司契，無德司徹。天道無親，常與善人。
yǒu dé sī qì, wú dé sī chè. tiān dào wú qīn, cháng yǔ shàn rén.

第八十章
dì bā shí zhāng

小國寡民，使有什伯之器而不用，使民重死而不遠徙。雖有舟輿，無所乘之；雖有甲兵，無所陳之。使民復結繩而用之。甘其食，美其服，安其居，樂其俗。鄰國相望，鷄犬之
xiǎo guó guǎ mín, shǐ yǒu shí bǎi zhī qì ér bú yòng, shǐ mín zhòng sǐ ér bù yuǎn xǐ. suī yǒu zhōu yú, wú suǒ chéng zhī; suī yǒu jiǎ bīng, wú suǒ chén zhī. shǐ mín fù jié shéng ér yòng zhī. gān qí shí, měi qí fú, ān qí jū, lè qí sú. lín guó xiāng wàng, jī quǎn zhī

聲相聞，民至老死不相往來。

第八十一章

信言不美，美言不信。善者不

辯，辯者不善。知者不博，博者不知。

聖人不積，既以爲人己愈有，既以與

人己愈多。天之道，利而不害；聖人

之道，爲而不爭。

黄帝内經

huáng dì nèi jīng

《精選》

jīng xuǎn

素問·上古天真論篇第一

sù wèn · shàng gǔ tiān zhēn lùn piān dì yī

昔在黄帝，生而神靈，弱而能言，幼而徇齊，長而敦敏，成而登天。

xī zài huáng dì, shēng ér shén líng, ruò ér néng yán, yòu ér xùn qí, zhǎng ér dūn mǐn, chéng ér dēng tiān.

乃問于天師曰：『余聞上古之人，春秋皆度百歲，而動作不衰；今時之人，年半百而動作皆衰者，時世異耶？人將失之耶？』

nǎi wèn yú tiān shī yuē: "yú wén shàng gǔ zhī rén, chūn qiū jiē dù bǎi suì, ér dòng zuò bù shuāi; jīn shí zhī rén, nián bàn bǎi ér dòng zuò jiē shuāi zhě, shí shì yì yē? rén jiāng shī zhī yē?"

岐伯對曰：『上古之人，其知道者，法于陰陽，和于術數，食飲有節，起

qí bó duì yuē: "shàng gǔ zhī rén, qí zhī dào zhě, fǎ yú yīn yáng, hé yú shù shù, shí yǐn yǒu jié, qǐ

居有常，不妄作勞，故能形與神俱，而
jū yǒu cháng, bú wàng zuò láo, gù néng xíng yǔ shén jù, ér

盡終其天年，度百歲乃去。』
jìn zhōng qí tiān nián, dù bǎi suì nǎi qù.

『今時之人不然也，以酒爲漿，以
jīn shí zhī rén bù rán yě, yǐ jiǔ wéi jiāng, yǐ

妄爲常，醉以入房，以欲竭其精，以
wàng wéi cháng, zuì yǐ rù fáng, yǐ yù jié qí jīng, yǐ

好散其真，不知持滿，不時御神，務
hào sàn qí zhēn, bù zhī chí mǎn, bù shí yù shén, wù

快其心，逆于生樂，起居無節，故半
kuài qí xīn, nì yú shēng lè, qǐ jū wú jié, gù bàn

百而衰也。』
bǎi ér shuāi yě.

『夫上古聖人之教下也，皆謂
fú shàng gǔ shèng rén zhī jiào xià yě, jiē wèi

之：虛邪賊風，避之有時；恬淡虛
zhī: xū xié zéi fēng, bì zhī yǒu shí; tián dàn xū

無，真氣從之；精神內守，病安從
wú zhēn qì cóng zhī jīng shén nèi shǒu bìng ān cóng

來？」
lái

「是以志閑而少欲，心安而不
shì yǐ zhì xián ér shǎo yù xīn ān ér bú

懼，形勞而不倦，氣從以順，各從其
jù xíng láo ér bú juàn qì cóng yǐ shùn gè cóng qí

欲，皆得所願。故美其食，任其服，樂
yù jiē dé suǒ yuàn gù měi qí shí rèn qí fú lè

其俗，高下不相慕，其民故曰樸。」
qí sú gāo xià bù xiāng mù qí mín gù yuē pǔ

「是以嗜欲不能勞其目，淫邪不
shì yǐ shì yù bù néng láo qí mù yín xié bù

能惑其心，愚智賢不肖，不懼于物，故
néng huò qí xīn yú zhì xián bú xiāo bú jù yú wù gù

合于道。所以能年皆度百歲而動作
hé yú dào suǒ yǐ néng nián jiē dù bǎi suì ér dòng zuò

不衰者，以其德全不危也。』

bù shuāi zhě, yǐ qí dé quán bù wēi yě.

帝曰：『人年老而無子者，材力盡邪？將天數然也？』

dì yuē: rén nián lǎo ér wú zǐ zhě, cái lì jìn yé? jiāng tiān shù rán yě?

岐伯曰：『女子七歲，腎氣盛，齒更髮長。

qí bó yuē: nǚ zǐ qī suì, shèn qì shèng, chǐ gēng fà zhǎng.

『二七，而天癸至，任脈通，太沖脈盛，月事以時下，故有子。』

èr qī, ér tiān guǐ zhì, rén mài tōng, tài chōng mài shèng, yuè shì yǐ shí xià, gù yǒu zǐ.

『三七，腎氣平均，故真牙生而長極。』

sān qī, shèn qì píng jūn, gù zhēn yá shēng ér zhǎng jí.

「四七，筋骨堅，髮長極，身體盛壯。」

sì qī, jīn gǔ jiān, fà zhǎng jí, shēn tǐ shèng zhuàng.

「五七，陽明脈衰，面始焦，髮始墮。」

wǔ qī, yáng míng mài shuāi, miàn shǐ qiáo, fà shǐ duò.

「六七，三陽脈衰于上，面皆焦，髮始白。」

liù qī, sān yáng mài shuāi yú shàng, miàn jiē qiáo, fà shǐ bái.

「七七，任脈虛，太沖脈衰少，天癸竭，地道不通，故形壞而無子也。」

qī qī, rén mài xū, tài chōng mài shuāi shǎo, tiān guǐ jié, dì dào bù tōng, gù xíng huài ér wú zǐ yě.

「丈夫八歲，腎氣實，髮長齒更。

zhàng fū bā suì, shèn qì shí, fà zhǎng chǐ gēng.

『二八，腎氣盛，天癸至，精氣溢瀉，陰陽和，故能有子。』『三八，腎氣平均，筋骨勁強，故真牙生而長極。』『四八，筋骨隆盛，肌肉滿壯。』『五八，腎氣衰，髮墮齒槁。』『六八，陽氣衰竭于上，面焦，髮鬢頒白。』『七八，肝氣衰，筋不能動，天癸竭，精少，腎臟衰，形體皆極。』
jié, jīng shǎo, shèn zàng shuāi, xíng tǐ jiē jí.

『八八，則齒髮去。』
bā bā, zé chǐ fà qù.

『腎者主水，受五臟六腑之精而
shèn zhě zhǔ shuǐ, shòu wǔ zàng liù fǔ zhī jīng ér

藏之。故五臟盛，乃能瀉。』
cáng zhī. gù wǔ zàng shèng, nǎi néng xiè.

『今五臟皆衰，筋骨解墮，天癸盡
jīn wǔ zàng jiē shuāi, jīn gǔ jiě duò, tiān guǐ jìn

矣。故髮鬢白，身體重，行步不正，而
yǐ. gù fà bìn bái, shēn tǐ zhòng, xíng bù bú zhèng, ér

無子耳。』
wú zǐ ěr.

帝曰：『有其年已老而有子者，何
dì yuē: yǒu qí nián yǐ lǎo ér yǒu zǐ zhě, hé

也？』
yě?

岐伯曰：「此其天壽過度，氣脈常
qí bó yuē cǐ qí tiān shòu guò dù qì mai cháng

通，而腎氣有餘也。此雖有子，男不
tōng ér shèn qì yǒu yú yě cǐ suī yǒu zǐ nán bú

過盡八八，女不過盡七七，而天地之
guò jìn bā bā nǚ bú guò jìn qī qī ér tiān dì zhī

精氣皆竭矣。」
jīng qì jiē jié yǐ

帝曰：「夫道者，年皆百數，能有
dì yuē fú dào zhě nián jiē bǎi shù néng yǒu

子乎？」
zǐ hū

岐伯曰：「夫道者，能卻老而全
qí bó yuē fú dào zhě néng què lǎo ér quán

形，身年雖壽，能生子也。」
xíng shēn nián suī shòu néng shēng zǐ yě

黃帝曰：「余聞上古有真人者，提
huáng dì yuē yú wén shàng gǔ yǒu zhēn rén zhě tí

挈天地，把握陰陽，呼吸精氣，獨立
qiè tiān dì, bǎ wò yīn yáng, hū xī jīng qì, dú lì

守神，肌肉若一，故能壽敝天地，無有
shǒu shén, jī ròu ruò yī, gù néng shòu bì tiān dì, wú yǒu

終時，此其道生。』
zhōng shí, cǐ qí dào shēng.

『中古之時，有至人者，淳德全
zhōng gǔ zhī shí, yǒu zhì rén zhě, chún dé quán

道，和于陰陽，調于四時，去世離俗，積
dào, hé yú yīn yáng, tiáo yú sì shí, qù shì lí sú, jī

精全神，游行天地之間，視聽八達之
jīng quán shén, yóu xíng tiān dì zhī jiān, shì tīng bā dá zhī

外，此蓋益其壽命而強者也，亦歸于
wài, cǐ gài yì qí shòu mìng ér qiáng zhě yě, yì guī yú

真人。』
zhēn rén.

『其次有聖人者，處天地之和，從
qí cì yǒu shèng rén zhě, chǔ tiān dì zhī hé, cóng

八風之理，適嗜欲于世俗之間，無恚
嗔之心，行不欲離于世，被服章，舉
不欲觀于俗，外不勞形于事，內無思
想之患，以恬愉爲務，以自得爲功，形
體不敝，精神不散，亦可以百數。』
『其次有賢人者，法則天地，象
似日月，辨列星辰，逆從陰陽，分別
四時，將從上古，合同于道，亦可使
益壽而有極時。』

素問·四氣調神大論篇第二
sù wèn · sì qì tiáo shén dà lùn piān dì èr

春三月，此謂發陳，天地俱生，萬物以榮。夜卧早起，廣步于庭，被髮緩形，以使志生，生而勿殺，予而勿奪，賞而勿罰，此春氣之應，養生之道也。逆之則傷肝，夏爲寒變，奉長者少。

chūn sān yuè, cǐ wèi fā chén, tiān dì jù shēng, wàn wù yǐ róng. yè wò zǎo qǐ, guǎng bù yú tíng, pī fà huǎn xíng, yǐ shǐ zhì shēng, shēng ér wù shā, yǔ ér wù duó, shǎng ér wù fá, cǐ chūn qì zhī yìng, yǎng shēng zhī dào yě. nì zhī zé shāng gān, xià wéi hán biàn, fèng zhǎng zhě shǎo.

夏三月，此謂蕃秀，天地氣交，萬物華實。夜卧早起，無厭于日，使志

xià sān yuè, cǐ wèi fán xiù, tiān dì qì jiāo, wàn wù huá shí. yè wò zǎo qǐ, wú yàn yú rì, shǐ zhì

無怒，使華英成秀，使氣得泄，若所愛在外，此夏氣之應，養長之道也。逆之則傷心，秋爲痎瘧，奉收者少，冬至重病。

秋三月，此謂容平，天氣以急，地氣以明。早臥早起，與雞俱興，使志安寧，以緩秋刑，收斂神氣，使秋氣平，無外其志，使肺氣清，此秋氣之應，養收之道也。逆之則傷肺，冬爲飧泄，奉藏者少。
sūn xiè, fèng cáng zhě shǎo.

冬三月，此謂閉藏，水冰地坼，勿
dōng sān yuè, cǐ wèi bì cáng, shuǐ bīng dì chè, wù

擾乎陽。早臥晚起，必待日光，使志
rǎo hū yáng. zǎo wò wǎn qǐ, bì dài rì guāng, shǐ zhì

若伏若匿，若有私意，若已有得，去
ruò fú ruò nì, ruò yǒu sī yì, ruò yǐ yǒu dé, qù

寒就溫，無泄皮膚，使氣亟奪，此冬
hán jiù wēn, wú xiè pí fū, shǐ qì jí duó, cǐ dōng

氣之應，養藏之道也。逆之則傷腎，春
qì zhī yìng, yǎng cáng zhī dào yě. nì zhī zé shāng shèn, chūn

爲痿厥，奉生者少。
wéi wěi jué, fèng shēng zhě shǎo.

天氣，清淨光明者也，藏德不
tiān qì, qīng jìng guāng míng zhě yě, cáng dé bù

止，故不下也。天明則日月不明，邪害
zhǐ, gù bú xià yě. tiān míng zé rì yuè bù míng, xié hài

空竅。陽氣者閉塞，地氣者冒明，雲霧
kōng qiào。yáng qì zhě bì sè，dì qì zhě mào míng，yún wù

不精，則上應白露不下，交通不表，萬
bù jīng，zé shàng yìng bái lù bú xià，jiāo tōng bù biǎo，wàn

物命故不施，不施則名木多死。惡氣
wù mìng gù bù shī，bù shī zé míng mù duō sǐ。è qì

不發，風雨不節，白露不下，則菀槁
bù fā，fēng yǔ bù jié，bái lù bú xià，zé wǎn gǎo

不榮。賊風數至，暴雨數起，天地四時
bù róng。zéi fēng shuò zhì，bào yǔ shuò qǐ，tiān dì sì shí

不相保，與道相失，則未央絕滅。唯
bù xiāng bǎo，yǔ dào xiāng shī，zé wèi yāng jué miè。wéi

聖人從之，故身無奇病，萬物不失，
shèng rén cóng zhī，gù shēn wú qí bìng，wàn wù bù shī，

生氣不竭。
shēng qì bù jié。

逆春氣，則少陽不生，肝氣內變。
nì chūn qì，zé shào yáng bù shēng，gān qì nèi biàn。

逆夏氣，則太陽不長，心氣內洞。
nì xià qì， zé tài yáng bù zhǎng， xīn qì nèi dòng。

逆秋氣，則太陰不收，肺氣焦滿。
nì qiū qì， zé tài yīn bù shōu， fèi qì jiāo mǎn。

逆冬氣，則少陰不藏，腎氣獨沉。
nì dōng qì， zé shào yīn bù cáng， shèn qì dú chén。

夫四時陰陽者，萬物之根本也。所以聖人春夏養陽，秋冬養陰，以從其根，故與萬物沉浮於生長之門；逆其根，則伐其本，壞其真矣。故陰陽四時者，萬物之終始也，死生之本也，逆之則災害生，從之則苛疾不起，是謂
fú sì shí yīn yáng zhě， wàn wù zhī gēn běn yě。 suǒ yǐ shèng rén chūn xià yǎng yáng， qiū dōng yǎng yīn， yǐ cóng qí gēn， gù yǔ wàn wù chén fú yú shēng zhǎng zhī mén； nì qí gēn， zé fá qí běn， huài qí zhēn yǐ。 gù yīn yáng sì shí zhě， wàn wù zhī zhōng shǐ yě， sǐ shēng zhī běn yě， nì zhī zé zāi hài shēng， cóng zhī zé kē jí bù qǐ， shì wèi

得道。道者，聖人行之，愚者佩之。從
dé dào。dào zhě，shèng rén xíng zhī，yú zhě pèi zhī。cóng

陰陽則生，逆之則死；從之則治，逆
yīn yáng zé shēng，nì zhī zé sǐ；cóng zhī zé zhì，nì

之則亂；反順爲逆，是謂內格。
zhī zé luàn；fǎn shùn wéi nì，shì wèi nèi gé。

是故聖人不治已病治未病，不
shì gù shèng rén bú zhì yǐ bìng zhì wèi bìng，bú

治已亂治未亂，此之謂也。夫病已成
zhì yǐ luàn zhì wèi luàn，cǐ zhī wèi yě。fú bìng yǐ chéng

而後藥之，亂已成而後治之，譬猶渴
ér hòu yào zhī，luàn yǐ chéng ér hòu zhì zhī，pì yóu kě

而穿井，鬥而鑄錐，不亦晚乎？
ér chuān jǐng，dòu ér zhù zhuī，bú yì wǎn hū？

素問·靈蘭秘典論篇第八

sù wèn · líng lán mì diǎn lùn piān dì bā

黄帝問曰：「願聞十二臟之相使，貴賤何如？」

huáng dì wèn yuē： yuàn wén shí èr zàng zhī xiāng shǐ， guì jiàn hé rú？

岐伯對曰：「悉乎哉問也！請遂言之。

qí bó duì yuē： xī hū zāi wèn yě！ qǐng suì yán zhī。

「心者，君主之官也，神明出焉。」

xīn zhě， jūn zhǔ zhī guān yě， shén míng chū yān。

「肺者，相傅之官，治節出焉。」

fèi zhě， xiāng fù zhī guān， zhì jié chū yān。

「肝者，將軍之官，謀慮出焉。」

gān zhě， jiāng jūn zhī guān， móu lǜ chū yān。

「膽者，中正之官，決斷出焉。」

dǎn zhě， zhōng zhèng zhī guān， jué duàn chū yān。

「膻中者，臣使之官，喜樂出焉。」
dàn zhōng zhě, chén shǐ zhī guān, xǐ lè chū yān.

「脾胃者，倉廩之官，五味出焉。」
pí wèi zhě, cāng lǐn zhī guān, wǔ wèi chū yān.

「大腸者，傳道之官，變化出焉。」
dà cháng zhě, chuán dào zhī guān, biàn huà chū yān.

「小腸者，受盛之官，化物出焉。」
xiǎo cháng zhě, shòu shèng zhī guān, huà wù chū yān.

「腎者，作強之官，伎巧出焉。」
shèn zhě, zuò qiáng zhī guān, jì qiǎo chū yān.

「三焦者，決瀆之官，水道出焉。」
sān jiāo zhě, jué dú zhī guān, shuǐ dào chū yān.

「膀胱者，州都之官，津液藏焉，氣化則能出矣。」
páng guāng zhě, zhōu dōu zhī guān, jīn yè cáng yān, qì huà zé néng chū yǐ.

「凡此十二官者，不得相失也。故
fán cǐ shí èr guān zhě, bù dé xiāng shī yě. gù

主明則下安，以此養生則壽，歿世不
zhǔ míng zé xià ān yǐ cǐ yǎng shēng zé shòu mò shì bú

殆，以爲天下則大昌。主不明則十二
dài yǐ wéi tiān xià zé dà chāng zhǔ bù míng zé shí èr

官危，使道閉塞而不通，形乃大傷，
guān wēi shǐ dào bì sè ér bù tōng xíng nǎi dà shāng

以此養生則殃，以爲天下者，其宗大
yǐ cǐ yǎng shēng zé yāng yǐ wéi tiān xià zhě qí zōng dà

危，戒之戒之！』
wēi jiè zhī jiè zhī

『至道在微，變化無窮，孰知其
zhì dào zài wēi biàn huà wú qióng shú zhī qí

原？窘乎哉！消者瞿瞿，孰知其要？閔
yuán jiǒng hū zāi xiāo zhě jù jù shú zhī qí yào mǐn

閔之當，孰者爲良？』
mǐn zhī dàng shú zhě wéi liáng

『恍惚之數，生于毫厘；毫厘之
huǎng hū zhī shù shēng yú háo lí háo lí zhī

數，起于度量。千之萬之，可以益大，推之大之，其形乃制。』

黄帝曰：『善哉！餘聞精光之道，大聖之業，而宣明大道，非齋戒擇吉日，不敢受也。』黄帝乃擇吉日良兆，而藏靈蘭之室，以傳保焉。

素問・五臟別論篇第十一

sù wèn · wǔ zàng bié lùn piān dì shí yī

黃帝問曰：『余聞方士，或以腦髓爲藏，或以腸胃爲藏，或以爲府。敢問更相反，皆自謂是，不知其道，願聞其說。』

huáng dì wèn yuē：『yú wén fāng shì，huò yǐ nǎo suǐ wéi zàng，huò yǐ cháng wèi wéi zàng，huò yǐ wéi fǔ。gǎn wèn gèng xiāng fǎn，jiē zì wèi shì，bù zhī qí dào，yuàn wén qí shuō。』

岐伯對曰：『腦、髓、骨、脈、膽、女子胞，此六者，地氣之所生也，皆藏于陰而象于地，故藏而不瀉，名曰奇恒之府。』

qí bó duì yuē：『nǎo、suǐ、gǔ、mài、dǎn、nǚ zǐ bāo，cǐ liù zhě，dì qì zhī suǒ shēng yě，jiē cáng yú yīn ér xiàng yú dì，gù cáng ér bú xiè，míng yuē qí héng zhī fǔ。』

『夫胃、大腸、小腸、三焦、膀胱，此五者，天氣之所生也，其氣象天，故瀉而不藏。此受五臟濁氣，名曰傳化之府，此不能久留，輸瀉者也。』『魄門亦爲五臟使，水穀不得久藏。』

『所謂五臟者，藏精氣而不瀉也，故滿而不能實。六府者，傳化物而不藏，故實而不能滿也。所以然者，水

穀入口，則胃實而腸虛；食下，則腸
gǔ rù kǒu, zé wèi shí ér cháng xū; shí xià, zé cháng

實而胃虛。故曰實而不滿、滿而不實
shí ér wèi xū. gù yuē shí ér bù mǎn, mǎn ér bù shí

也。』
yě.

帝曰：『氣口何以獨爲五臟主？』
dì yuē: qì kǒu hé yǐ dú wéi wǔ zàng zhǔ?

岐伯曰：『胃者，水穀之海，六府
qí bó yuē: wèi zhě, shuǐ gǔ zhī hǎi, liù fǔ

之大源也。五味入口，藏于胃，以養五
zhī dà yuán yě. wǔ wèi rù kǒu, cáng yú wèi, yǐ yǎng wǔ

臟氣。氣口亦太陰也，是以五臟六府
zàng qì. qì kǒu yì tài yīn yě, shì yǐ wǔ zàng liù fǔ

之氣味，皆出于胃，變見于氣口。故
zhī qì wèi, jiē chū yú wèi, biàn xiàn yú qì kǒu. gù

五氣入鼻，藏于心肺，心肺有病，而
wǔ qì rù bí, cáng yú xīn fèi, xīn fèi yǒu bìng, ér

鼻爲之不利也。』
bí wéi zhī bú lì yě

『凡治病必察其下，適其脉，觀
fán zhì bìng bì chá qí xià, shì qí mài, guān

其志意，與其病也。』
qí zhì yì, yǔ qí bìng yě

『拘于鬼神者，不可與言至德；惡
jū yú guǐ shén zhě, bù kě yǔ yán zhì dé; wù

于針石者，不可與言至巧；病不許
yú zhēn shí zhě, bù kě yǔ yán zhì qiǎo; bìng bù xǔ

治者，病必不治，治之無功矣。』
zhì zhě, bìng bì bú zhì, zhì zhī wú gōng yǐ

素問·臟氣法時論篇第二十二
sù wèn · zàng qì fǎ shí lùn piān dì èr shí èr

黃帝問曰：『合人形以法四時五
huáng dì wèn yuē : hé rén xíng yǐ fǎ sì shí wǔ

行而治，何如而從？何如而逆？得失
xíng ér zhì , hé rú ér cóng ? hé rú ér nì ? dé shī

之意，願聞其事。』
zhī yì , yuàn wén qí shì .

岐伯對曰：『五行者，金木水火土
qí bó duì yuē : wǔ xíng zhě , jīn mù shuǐ huǒ tǔ

也，更貴更賤，以知死生，以決成敗，
yě , gèng guì gèng jiàn , yǐ zhī sǐ shēng , yǐ jué chéng bài ,

而定五藏之氣，間甚之時，死生之期
ér dìng wǔ cáng zhī qì , jiān shèn zhī shí , sǐ shēng zhī qī

也。』
yě .

帝曰：『願卒聞之！』
dì yuē : yuàn zú wén zhī !

岐伯曰：『肝主春，足厥陰、少陽
qí bó yuē gān zhǔ chūn zú jué yīn shǎo yáng

主治，其日甲乙。肝苦急，急食甘以
zhǔ zhì qí rì jiǎ yǐ gān kǔ jí jí shí gān yǐ

緩之。』
huǎn zhī

『心主夏，手少陰、太陽主治，其
xīn zhǔ xià shǒu shào yīn tài yáng zhǔ zhì qí

日丙丁。心苦緩，急食酸以收之。』
rì bǐng dīng xīn kǔ huǎn jí shí suān yǐ shōu zhī

『脾主長夏，足太陰、陽明主治，其
pí zhǔ cháng xià zú tài yīn yáng míng zhǔ zhì qí

日戊己。脾苦濕，急食苦以燥之。』
rì wù jǐ pí kǔ shī jí shí kǔ yǐ zào zhī

『肺主秋，手太陰、陽明主治，其日
fèi zhǔ qiū shǒu tài yīn yáng míng zhǔ zhì qí rì

庚辛。肺苦氣上逆，急食苦以泄之。』
gēng xīn fèi kǔ qì shàng nì jí shí kǔ yǐ xiè zhī

『腎主冬，足少陰、太陽主治，其日壬癸。腎苦燥，急食辛以潤之。開腠理，致津液，通氣也。』

『病在肝，愈于夏；夏不愈，甚于秋；秋不死，持于冬，起于春。禁當風。肝病者，愈在丙丁；丙丁不愈，加于庚辛；庚辛不死，持于壬癸，起于甲乙。肝病者，平旦慧，下晡甚，夜半靜。肝欲散，急食辛以散之，用辛補之，酸瀉之。』
bǔ zhī, suān xiè zhī.

病在心，愈在長夏；長夏不愈，
bìng zài xīn, yù zài cháng xià; cháng xià bù yù,

甚于冬；冬不死，持于春，起于夏。禁
shèn yú dōng; dōng bù sǐ, chí yú chūn, qǐ yú xià. jìn

温食、熱衣。心病者，愈在戊己；戊己
wēn shí、rè yī. xīn bìng zhě, yù zài wù jǐ; wù jǐ

不愈，加于壬癸；壬癸不死，持于甲
bú yù, jiā yú rén guǐ; rén guǐ bù sǐ, chí yú jiǎ

乙，起于丙丁。心病者，日中慧，夜半
yǐ, qǐ yú bǐng dīng. xīn bìng zhě, rì zhōng huì, yè bàn

甚，平旦静。心欲軟，急食咸以軟之，用
shèn, píng dàn jìng. xīn yù ruǎn, jí shí xián yǐ ruǎn zhī, yòng

咸補之，甘瀉之。
xián bǔ zhī, gān xiè zhī.

『病在脾，愈在秋；秋不愈，甚于
bìng zài pí, yù zài qiū; qiū bù yù, shèn yú

春；春不死，持于夏，起于長夏。禁温
食、飽食、濕地、濡衣。脾病者，愈在
庚辛；庚辛不愈，加于甲乙；甲乙不
死，持于丙丁，起于戊己。脾病者，日
昳慧，日出甚，下晡靜。脾欲緩，急食
甘以緩之，用苦瀉之，甘補之。』
『病在肺，愈在冬；冬不愈，甚于
夏；夏不死，持于長夏，起于秋，禁寒
飲食、寒衣。肺病者，愈在壬癸；壬癸

不愈，加于丙丁；丙丁不死，持于戊
bù yù，jiā yú bǐng dīng；bǐng dīng bù sǐ，chí yú wù
己，起于庚辛。肺病者，下晡慧，日中
jǐ，qǐ yú gēng xīn。fèi bìng zhě，xià bū huì，rì zhōng
甚，夜半静。肺欲收，急食酸以收之，用
shèn，yè bàn jìng。fèi yù shōu，jí shí suān yǐ shōu zhī，yòng
酸補之，辛瀉之。』
suān bǔ zhī，xīn xiè zhī。』
『病在腎，愈在春；春不愈，甚于
『bìng zài shèn，yù zài chūn；chūn bú yù，shèn yú
長夏；長夏不死，持于秋，起于冬。禁
cháng xià；cháng xià bù sǐ，chí yú qiū，qǐ yú dōng。jìn
犯焠烸、熱食、温灸衣。腎病者，愈在
fàn cuì èa、rè shí、wēn jiǔ yī。shèn bìng zhě，yù zài
甲乙；甲乙不愈，甚于戊己；戊己不
jiǎ yǐ；jiǎ yǐ bù yù，shèn yú wù jǐ；wù jǐ bù
死，持于庚辛，起于壬癸。腎病者，夜
sǐ，chí yú gēng xīn，qǐ yú rén guǐ。shèn bìng zhě，yè

半慧，四季甚，下晡靜。腎欲堅，急食
bàn huì，sì jì shèn，xià bū jìng。shèn yù jiān，jí shí

苦以堅之，用苦補之，鹹瀉之。』
kǔ yǐ jiān zhī，yòng kǔ bǔ zhī，xián xiè zhī。』

『夫邪氣之客于身也，以勝相
『fū xié qì zhī kè yú shēn yě，yǐ shèng xiāng

加，至其所生而愈，至其所不勝而
jiā，zhì qí suǒ shēng ér yù，zhì qí suǒ bú shèng ér

甚，至于所生而持，自得其位而起。必
shèn，zhì yú suǒ shēng ér chí，zì dé qí wèi ér qǐ。bì

先定五臟之脈，乃可言間甚之時，死
xiān dìng wǔ zàng zhī mài，nǎi kě yán jiān shèn zhī shí，sǐ

生之期也。』
shēng zhī qī yě。』

『肝病者，兩脅下痛引少腹，令
『gān bìng zhě，liǎng xié xià tòng yǐn shào fù，lìng

人善怒；虛則目䀮䀮無所見，耳無
rén shàn nù；xū zé mù huāng huāng wú suǒ jiàn，ěr wú

所聞，善恐，如人將捕之。取其經，厥
suǒ wén, shàn kǒng, rú rén jiāng bǔ zhī. qǔ qí jīng, jué

陰與少陽。氣逆則頭痛，耳聾不聰，頰
yīn yǔ shào yáng. qì nì zé tóu tòng, ěr lóng bù cōng, jiá

腫，取血者。』
zhǒng, qǔ xuè zhě.

『心病者，胸中痛，脅支滿，脅下
xīn bìng zhě, xiōng zhōng tòng, xié zhī mǎn, xié xià

痛，膺背肩甲間痛，兩臂內痛；虛則
tòng, yīng bèi jiān jiǎ jiān tòng, liǎng bì nèi tòng; xū zé

胸腹大，脅下與腰相引而痛。取其
xiōng fù dà, xié xià yǔ yāo xiāng yǐn ér tòng. qǔ qí

經，少陰、太陽、舌下血者。其變病，刺
jīng, shǎo yīn, tài yáng, shé xià xuè zhě. qí biàn bìng, cì

郄中血者。』
xì zhōng xuè zhě.

『脾病者，身重，善肌，肉痿，足
pí bìng zhě, shēn zhòng, shàn jī, ròu wěi, zú

不收，行善瘈，腳下痛；虛則腹滿腸鳴，飧泄，食不化。取其經，太陰、陽明、少陰血者。』

bù shōu, xíng shàn chì, jiǎo xià tòng; xū zé fù mǎn cháng míng, sūn xiè, shí bú huà. qǔ qí jīng, tài yīn, yáng míng, shǎo yīn xuè zhě.

『肺病者，喘咳，逆氣，肩背痛，汗出，尻、陰、股、膝、髀、腨、胻、足皆痛；虛則少氣，不能報息，耳聾，嗌乾。取其經，太陰、足太陽之外，厥陰內血者。』

fèi bìng zhě, chuǎn ké, nì qì, jiān bèi tòng, hàn chū, kāo, yīn, gǔ, xī, bì, shuàn, héng, zú jiē tòng; xū zé shǎo qì, bù néng bào xī, ěr lóng, yì gān. qǔ qí jīng, tài yīn, zú tài yáng zhī wài, jué yīn nèi xuè zhě.

『腎病者，腹大，脛腫，喘咳，身

shèn bìng zhě, fù dà, jìng zhǒng, chuǎn ké, shēn

重，寢汗出，憎風；虛則胸中痛，大
zhòng qǐn hàn chū zēng fēng xū zé xiōng zhōng tòng dà

腹、小腹痛，清厥，意不樂。取其經，少
fù xiǎo fù tòng qīng jué yì bú lè qǔ qí jīng shǎo

陰、太陽血者。』
yīn tài yáng xuè zhě

『肝色青，宜食甘。粳米、牛肉、
gān sè qīng yí shí gān jīng mǐ niú ròu

棗、葵皆甘。』
zǎo kuí jiē gān

『心色赤，宜食酸，小豆、犬肉、
xīn sè chì yí shí suān xiǎo dòu quǎn ròu

李、韭皆酸。』
lǐ jiǔ jiē suān

『肺色白，宜食苦，麥、羊肉、杏、
fèi sè bái yí shí kǔ mài yáng ròu xìng

薤皆苦。』
xiè jiē kǔ

『脾色黄，宜食咸，大豆、豕肉、
pí sè huáng, yí shí xián, dà dòu、shǐ ròu、
栗、藿皆咸。』
lì、huò jiē xián。
『腎色黑，宜食辛。黄黍、鷄肉、
shèn sè hēi, yí shí xīn。huáng shǔ、jī ròu、
桃、葱皆辛。』
táo、cōng jiē xīn。
『辛散，酸收，甘緩，苦堅，咸軟。』
xīn sàn, suān shōu, gān huǎn, kǔ jiān, xián ruǎn。
『毒藥攻邪，五谷爲養，五果爲
dú yào gōng xié, wǔ gǔ wèi yǎng, wǔ guǒ wèi
助，五畜爲益，五菜爲充。氣味合而
zhù, wǔ chù wèi yì, wǔ cài wèi chōng。qì wèi hé ér
服之，以補精益氣。』
fú zhī, yǐ bǔ jīng yì qì。
『此五者，有辛、酸、甘、苦、咸，各
cǐ wǔ zhě, yǒu xīn、suān、gān、kǔ、xián, gè

有所利，或散或收，或緩或急，或堅或
yǒu suǒ lì, huò sàn huò shōu, huò huǎn huò jí, huò jiān huò

軟，四時五臟，病隨五味所宜也。』
ruǎn, sì shí wǔ zàng, bìng suí wǔ wèi suǒ yí yě.

素(sù)問(wèn)·針(zhēn)解(jiě)篇(piān)第(dì)五(wǔ)十(shí)四(sì)

黃(huáng)帝(dì)問(wèn)曰(yuē)：「願(yuàn)聞(wén)九(jiǔ)針(zhēn)之(zhī)解(jiě)，虛(xū)實(shí)之(zhī)道(dào)。」

岐(qí)伯(bó)對(duì)曰(yuē)：「刺(cì)虛(xū)則(zé)實(shí)之(zhī)者(zhě)，針(zhēn)下(xià)熱(rè)也(yě)，氣(qì)實(shí)乃(nǎi)熱(rè)也(yě)；滿(mǎn)而(ér)泄(xiè)之(zhī)者(zhě)，針(zhēn)下(xià)寒(hán)也(yě)，氣(qì)虛(xū)乃(nǎi)寒(hán)也(yě)。」

「菀(wǎn)陳(chén)則(zé)除(chú)之(zhī)者(zhě)，出(chū)惡(è)血(xuè)也(yě)；邪(xié)勝(shèng)則(zé)虛(xū)之(zhī)者(zhě)，出(chū)針(zhēn)勿(wù)按(àn)。」

「徐(xú)而(ér)疾(jí)則(zé)實(shí)者(zhě)，徐(xú)出(chū)針(zhēn)而(ér)疾(jí)按(àn)

之；疾而徐則虛者，疾出針而徐按之。』
zhī; jí ér xú zé xū zhě, jí chū zhēn ér xú àn zhī.

『言實與虛者，寒温氣多少也。』
yán shí yǔ xū zhě, hán wēn qì duō shao yě.

『若無若有者，疾不可知也。』
ruò wú ruò yǒu zhě, jí bù kě zhī yě.

『察後與先者，知病先後也。』
chá hòu yǔ xiān zhě, zhī bìng xiān hòu yě.

『爲虛與實者，工勿失其法。』
wèi xū yǔ shí zhě, gōng wù shī qí fǎ.

『若得若失者，離其法也。』
ruò de ruò shī zhě, lí qí fǎ yě.

『虛實之要，九針最妙者，爲其
xū shí zhī yào, jiǔ zhēn zuì miào zhě, wèi qí

各有所宜也。』
gè yǒu suǒ yí yě.

『補瀉之時者，與氣開闔相合也。』
bǔ xiè zhī shí zhě, yǔ qì kāi hé xiāng hé yě.

『九針之名，各不同形者，針窮其所當補瀉也。』

『刺實須其虛者，留針，陰氣隆至，乃去針也；刺虛須其實者，陽氣隆至，針下熱，乃去針也。』

『經氣已至，慎守勿失者，勿變更也。深淺在志者，知病之內外也。近遠如一者，深淺其候等也。』

『如臨深淵者，不敢墮也。手如握

虎者，欲其壯也。神無營于衆物者，静

志觀病人，無左右視也。』

『義無邪，下者，欲端以正也。必

正其神者，欲瞻病人目，制其神，令

氣易行也。』

『所謂三裏者，下膝三寸也。所謂

跗之者，舉膝分易見也。巨虛者，蹻

足，䯒獨陷者；下廉者，陷下者也。』

帝曰：『餘聞九針，上應天地、四

時、陰陽，願聞其方，令可傳于後世，以爲常也。』

岐伯曰：『夫一天、二地、三人、四時、五音、六律、七星、八風、九野，身形亦應之，針各有所宜，故曰九針。』

『人皮應天，人肉應地，人脈應人，人筋應時，人聲應音，人陰陽合氣應律，人齒面目應星，人出入氣應風，人九竅、三百六十五絡應野。』

『故一針皮，二針肉，三針脈，四針
gù yī zhēn pí èr zhēn ròu sān zhēn mài sì zhēn

筋，五針骨，六針調陰陽，七針益精，八
jīn wǔ zhēn gǔ liù zhēn diào yīn yáng qī zhēn yì jīng bā

針除風，九針通九竅，除三百六十五
zhēn chú fēng jiǔ zhēn tōng jiǔ qiào chú sān bǎi liù shí wǔ

節氣。此之謂各有所主也。』
jié qi cǐ zhī wèi gè yǒu suǒ zhǔ yě

『人心意應八風，人氣應天，人
rén xīn yì yìng bā fēng rén qì yìng tiān rén

發、齒、耳、目、五聲應五音六律，人陰
fā chǐ ěr mù wǔ shēng yìng wǔ yīn liù lǜ rén yīn

陽、脈、血氣應地。人肝目應之九，九
yáng mài xuè qì yìng dì rén gān mù yìng zhī jiǔ jiǔ

竅三百六十五。』
qiào sān bǎi liù shí wǔ

『人一以觀動靜，天二以候五
rén yī yǐ guān dòng jìng tiān èr yǐ hòu wǔ

色。七星應之，以候發毋澤。五音一
sè qī xīng yìng zhī yǐ hòu fā wú zé wǔ yīn yī

以候宮商角征羽，六律有餘不足應
yǐ hòu gōng shāng jué zhǐ yǔ liù lǜ yǒu yú bù zú yìng

之。二地一以候高下有餘，九野一節
zhī èr dì yī yǐ hòu gāo xià yǒu yú jiǔ yě yī jié

俞應之，以候閉節。三人變，一分人候
yú yìng zhī yǐ hòu bì jié sān rén biàn yí fēn rén hòu

齒泄多血少，十分角之變，五分以候
chǐ xiè duō xuè shǎo shí fēn jiǎo zhī biàn wǔ fēn yǐ hòu

緩急，六分不足，三分寒關節，第九
huǎn jí liù fēn bù zú sān fēn hán guān jié dì jiǔ

分四時人寒温燥濕。四時一應之，以
fēn sì shí rén hán wēn zào shī sì shí yī yìng zhī yǐ

候相反一，四方各作解。』
hòu xiāng fǎn yī sì fāng gè zuò jiě

素問·經絡論篇第五十七

sù wèn · jīng luò lùn piān dì wǔ shí qī

黃帝問曰：「夫絡脉之見也，其五色各異，青黃赤白黑不同，其故何也？」

huáng dì wèn yuē: fū luò mài zhī jiàn yě, qí wǔ sè gè yì, qīng huáng chì bái hēi bù tóng, qí gù hé yě?

岐伯對曰：「經有常色而絡無常變也。」

qí bó duì yuē: jīng yǒu cháng sè ér luò wú cháng biàn yě.

帝曰：「經之常色何如？」

dì yuē: jīng zhī cháng sè hé rú?

岐伯曰：「心赤、肺白、肝青、脾黃、腎黑，皆亦應其經脉之色也。」

qí bó yuē: xīn chì, fèi bái, gān qīng, pí huáng, shèn hēi, jiē yì yìng qí jīng mài zhī sè yě.

帝曰：『絡之陰陽，亦應其經乎？』

dì yuē luò zhī yīn yáng yì yìng qí jīng hū

岐伯曰：『陰絡之色應其經，陽絡之色變無常，隨四時而行也。』

qí bó yuē yīn luò zhī sè yìng qí jīng yáng luò zhī sè biàn wú cháng suí sì shí ér xíng yě

『寒多則凝泣，凝泣則青黑；熱多則淖澤，淖澤則黃赤。此皆常色，謂之無病。五色具見者，謂之寒熱。』

hán duō zé níng qì níng qì zé qīng hēi rè duō zé nào zé nào zé zé huáng chì cǐ jiē cháng sè wèi zhī wú bìng wǔ sè jù jiàn zhě wèi zhī hán rè

帝曰：『善！』

dì yuē shàn

素問·徵四失論篇第七十八

sù wèn · zhēng sì shī lùn piān dì qī shí bā

黃帝在明堂，雷公侍坐。

huáng dì zài míng táng, léi gōng shì zuò.

黃帝曰：『夫子所通書，受事衆多

huáng dì yuē: fū zǐ suǒ tōng shū, shòu shì zhòng duō

矣。試言得失之意，所以得之，所以

yǐ. shì yán dé shī zhī yì, suǒ yǐ dé zhī, suǒ yǐ

失之。』

shī zhī.

雷公對曰：『循經受業，皆言十

léi gōng duì yuē: xún jīng shòu yè, jiē yán shí

全，其時有過失者，請聞其事解也。』

quán, qí shí yǒu guò shī zhě, qǐng wén qí shì jiě yě.

帝曰：『子年少，智未及邪？

dì yuē: zǐ nián shǎo, zhì wèi jí xié?

將言以雜合耶？夫經脈十二，絡脈

jiāng yán yǐ zá hé yē? fū jīng mài shí èr, luò mài

三百六十五，此皆人之所明知，工之
sān bǎi liù shí wǔ，cǐ jiē rén zhī suǒ míng zhī，gōng zhī

所循用也。所以不十全者，精神不
suǒ xún yòng yě。suǒ yǐ bù shí quán zhě，jīng shen bù

專，志意不理，外內相失，故時疑殆。』
zhuān，zhì yì bù lǐ，wài nèi xiāng shī，gù shí yí dài。』

『診不知陰陽逆從之理，此治之
『zhěn bù zhī yīn yáng nì cóng zhī lǐ，cǐ zhì zhī

一失矣。』
yì shī yǐ。』

『受師不卒，妄作雜術，謬言爲
『shòu shī bù zú，wàng zuò zá shù，miù yán wèi

道，更名自功，妄用砭石，後遺身咎，此
dào，gēng míng zì gōng，wàng yòng biān shí，hòu yí shēn jiù，cǐ

治之二失也。』
zhì zhī èr shī yě。』

『不適貧富貴賤之居，坐之薄
『bú shì pín fù guì jiàn zhī jū，zuò zhī bó

厚，形之寒溫，不適飲食之宜，不別人
hòu xíng zhī hán wēn bú shì yǐn shí zhī yí bú bié ren

之勇怯，不知比類，足以自亂，不足以
zhī yǒng qiè bù zhī bǐ lèi zú yǐ zì luàn bù zú yǐ

自明，此治之三失也。』
zì míng cǐ zhì zhī sān shī yě

『診病不問其始，憂患飲食之失
zhěn bìng bú wèn qí shǐ yōu huàn yǐn shí zhī shī

節，起居之過度，或傷于毒，不先言
jié qǐ jū zhī guò dù huò shāng yú dú bù xiān yán

此，卒持寸口，何病能中，妄言作名，爲
cǐ zú chí cùn kǒu hé bìng néng zhōng wàng yán zuò míng wèi

粗所窮，此治之四失也。』
cū suǒ qióng cǐ zhì zhī sì shī yě

『是以世人之語者，馳千裏之
shì yǐ shì rén zhī yǔ zhě chí qiān lǐ zhī

外，不明尺寸之論，診無人事。治數
wài bù míng chǐ cun zhī lùn zhěn wú rén shì zhì shù

之道，從容之葆。』

『坐持寸口，診不中五脈，百病所起，始以自怨，遺師其咎。是故治不能循理，弃術于市，妄治時愈，愚心自得。』

『嗚呼！窈窈冥冥，孰知其道？道之大者，擬于天地，配于四海。汝不知道之諭受，以明爲晦。』

靈樞·本神第八

黃帝問于岐伯曰：『凡刺之法，先必本于神。血、脉、營、氣、精、神，此五臟之所藏也。至其淫泆，離臟則精失、魂魄飛揚、志意恍亂、智慮去身者，何因而然乎？天之罪與？人之過乎？何謂德、氣、生、精、神、魂、魄、心、意、志、思、智、慮？請問其故。』

岐伯答曰：『天之在我者德也，地之

在我者氣也。德流氣薄而生者也。故生之來謂之精，兩精相搏謂之神，隨神往來者謂之魂，并精而出入者謂之魄，所以任物者謂之心，心有所憶謂之意，意之所存謂之志，因志而存變謂之思，因思而遠慕謂之慮，因慮而處物謂之智。』

『故智者之養生也，必順四時而適寒暑，和喜怒而安居處，節陰陽而調剛柔。如是，則僻邪不至，長生久視。』
gāng róu。 rú shì， zé pì xié bú zhì， cháng shēng jiǔ shì。

『是故怵惕思慮者則傷神，神傷
shì gù chù tì sī lǜ zhě zé shāng shén， shén shāng

則恐懼，流淫而不止。因悲哀動中
zé kǒng jù， liú yín ér bù zhǐ。 yīn bēi āi dòng zhōng

者，竭絕而失生。喜樂者，神憚散而
zhě， jié jué ér shī shēng。 xǐ yuè zhě， shén dàn sàn ér

不藏。愁憂者，氣閉塞而不行。盛怒
bù cáng。 chóu yōu zhě， qì bì sè ér bù xíng。 shèng nù

者，迷惑而不治。恐懼者，神蕩憚而
zhě， mí huo ér bú zhì。 kǒng jù zhě， shén dàng dàn ér

不收。』
bù shōu。

『心怵惕思慮則傷神，神傷則恐懼
xīn chù tì sī lǜ zé shāng shén， shén shāng zé kǒng jù

自失。破䐃脫肉，毛悴色夭，死于冬。
zì shī。 pò jùn tuō ròu， máo cuì sè yāo， sǐ yú dōng。

『脾愁憂而不解則傷意，意傷則
pí chóu yōu ér bú jiě zé shāng yì, yì shāng zé

悗亂，四肢不舉，毛悴色夭，死于春。』
mán luàn, sì zhī bù jǔ, máo cuì sè yāo, sǐ yú chūn.

『肝悲哀動中則傷魂，魂傷則狂
gān bēi āi dòng zhōng zé shāng hún, hún shāng zé kuáng

忘不精，不精則不正，當人陰縮而攣
wàng bù jīng, bù jīng zé bú zhèng, dāng rén yīn suō ér luán

筋，兩脅骨不舉，毛悴色夭，死于秋。』
jīn, liǎng xié gǔ bù jǔ, máo cuì sè yāo, sǐ yú qiū.

『肺喜樂無極則傷魄，魄傷則
fèi xǐ yuè wú jí zé shāng pò, pò shāng zé

狂，狂者意不存人，皮革焦，毛悴色
kuáng, kuáng zhě yì bù cún rén, pí gé jiāo, máo cuì sè

夭，死于夏。』
yāo, sǐ yú xià.

『腎盛怒而不止則傷志，志傷
shèn shèng nù ér bù zhǐ zé shāng zhì, zhì shāng

則喜忘其前言，腰脊不可以俛仰屈
zé xǐ wàng qí qián yán, yāo jǐ bù kě yǐ fǔ yǎng qū

伸，毛悴色夭，死于季夏。』
shēn, máo cuì sè yāo, sǐ yú jì xià.

『恐懼而不解則傷精，精傷則骨
kǒng jù ér bú jiě zé shāng jīng, jīng shāng zé gǔ

痠，痿厥，精時自下。是故五臟主藏
suān, wěi jué, jīng shí zì xià. shì gù wǔ zàng zhǔ cáng

精者也，不可傷，傷則失守而陰虛，陰
jīng zhě yě, bù kě shāng, shāng zé shī shǒu ér yīn xū, yīn

虛則無氣，無氣則死矣。』
xū zé wú qì, wú qì zé sǐ yǐ.

『是故用針者，察觀病人之態，以
shì gù yòng zhēn zhě, chá guān bìng rén zhī tài, yǐ

知精、神、魂、魄之存亡得失之意，五
zhī jīng, shén, hún, pò zhī cún wáng dé shī zhī yì, wǔ

者以傷，針不可以治之也。』
zhě yǐ shāng, zhēn bù kě yǐ zhì zhī yě.

「肝藏血，血舍魂。肝氣虛則恐，實則怒。」

gān cáng xuè, xuè shě hún. gān qì xū zé kǒng, shí zé nù.

「脾藏營，營舍意。脾氣虛則四肢不用，五臟不安；實則腹脹，經溲不利。」

pí cáng yíng, yíng shě yì. pí qi xū zé sì zhī bú yòng, wǔ zàng bù ān; shí zé fù zhàng, jīng sōu bú lì.

「心藏脈，脈舍神，心氣虛則悲，實則笑不休。」

xīn cáng mài, mài shě shén, xīn qì xū zé bēi, shí zé xiào bù xiū.

「肺藏氣，氣舍魄。肺氣虛則鼻塞不利，少氣；實則喘喝，胸盈仰息。」

fèi cáng qì, qì shě pò. fèi qì xū zé bí sāi bú lì, shǎo qì; shí zé chuǎn yè, xiōng yíng yǎng xī.

『腎藏精，精捨志，腎氣虛則厥，實則脹。五臟不安。』『必審五臟之病形，以知其氣之虛實，謹而調之也。』

shèn cáng jīng, jīng shě zhì, shèn qì xū zé jué, shí zé zhàng. wǔ zàng bù ān. bì shěn wǔ zàng zhī bìng xíng, yǐ zhī qí qì zhī xū shí, jǐn ér diào zhī yě.